지식그래프: AI와 온톨로지로 여는 지식혁명

Knowledge Graphs: Unleashing the Knowledge Revolution with AI and Ontology

“이 저서는 2024년 대한민국 교육부와 한국연구재단의 지원을 받아 수행된 연구임”
(NRF-2024S1A3A2A07046144)

서문

"팔란티어를 넘어서, 한국형 지식 혁신의 길을 열며"

디지털 전환(Digital Transformation)은 더 이상 선택이 아닌 생존의 문제입니다. 방대한 데이터를 단순히 수집하고 분석하는 시대는 지났고, 이제는 데이터를 '의미' 기반으로 조직하고 연결하며, 이를 통해 실질적인 지식 기반의 의사결정을 내릴 수 있어야 합니다. 바로 이러한 지점에서 지식그래프(Knowledge Graph)가 중심에 서고 있습니다.

이 책은 지금 이 순간에도 세계 곳곳에서 지식그래프를 활용한 전략적 도약을 이뤄내고 있는 기업들을 분석하고 사례로 설명합니다. 예를 들어 팔란티어(Palantir)는 미국 국방부, CIA, 질병통제예방센터(CDC), 백악관 등과 협업하며 지식그래프 기반 분석과 전략 지원 시스템을 통해 테러 대응, 전염병 확산 예측, 재난 위기관리, 정책 설계 등에 핵심적인 역할을 수행해 왔습니다. 팔란티어의 사례는 단지 기술의 문제가 아니라, 국가와 조직의 전략적 역량을 좌우하는 지식 인프라로서 지식그래프가 어떤 가치를 갖는지를 보여줍니다.

우리는 국내 기업이 주도적으로 '한국형 팔란티어'를 만들어 갈 수 있는 실질적인 길을 제시하고자 합니다. 단순히 데이터를 시각화하거나 대시보드에 표시하는 수준이 아닌, 전사적 지식의 연결, 구조화, 추론을 통한 전략 지원체계를 구축할 수 있도록 하는 것이 이 책의 핵심 목표입니다.

이 책은 기업의 디지털 혁신을 이끄는 리더, 실무자, CIO(Chief Information Officer), CKO(Chief Knowledge Officer)뿐만 아니라, 공공기관의 디지털 담당자, 정책기획자, 데이터 기반 행정 혁신을 고민하는 이들에게도 다음과 같

은 질문에 답하고자 합니다:

우리는 수집된 방대한 데이터를 그리고 어딘가에 쌓여있는 다양한 문서들을 어떻게 '의미 있는 지식'으로 전환할 수 있는가?

거대언어모형(LLM)과 결합된 지식그래프는 기업 전략과 정책 과정 및 행정 서비스에 어떤 변화를 가져오는가?

국내에서도 '한국형 팔란티어'와 같은 지식기반 전략 플랫폼이 가능할까?

이 책은 동시에 대학원에서 인공지능, 자연어처리(NLP), 하이브리드 RAG (Retrieval-Augmented Generation) 등을 공부하는 학생들에게도 지식그래프 및 온톨로지의 기본 개념과 구축 방법, 응용 사례를 체계적으로 전달하여 학문과 실무의 연결을 도와주는 다리가 되기를 희망합니다.

책의 구성은 다음과 같습니다.

1장은 지식그래프의 개념과 AI·LLM과의 관계를 조망하고,

2장은 Google, Amazon, Palantir 등 대표 기업과 조직의 도입 사례를 다룹니다.

3장은 온톨로지의 개념과 설계 방법을,

4장은 데이터 수집에서 추론 활용까지 지식그래프의 생애주기를 설명합니다.

5장은 추천시스템, 검색엔진, 하이브리드 RAG 등 기술 아키텍처를 다루며,

6장은 지식그래프의 미래 가치를 전망합니다.

이 책은 단지 기술을 소개하는 것을 넘어, 조직의 지식 구조를 혁신하고, 정책과 전략, 서비스를 지능화하는 실천적 지침서입니다.

팔란티어를 넘어서, 우리 조직에 맞는 지식 인프라를 어떻게 설계하고 실행할 것인지, 민간과 공공의 구분 없이 함께 고민하며 나아갈 수 있는 첫걸음이 되기를 바랍니다.

2025년 봄

저자를 대표하여

이강배 씀

목차

1

지식그래프에 대하여

1 지식그래프에 대하여

우리는 지금, 그 어느 때보다 방대한 데이터가 생성되고 유통되는 시대에 살고 있습니다. 기업 내부는 물론 외부 환경에서도 수많은 데이터가 끊임없이 만들어지고 있지만, 데이터 속에서 어떻게 '가치'를 찾아낼 것인지에 대한 질문에 대한 답은 여전히 의문으로 남아 있습니다. 많은 기업들이 데이터를 수집하고 시스템화하는 데 지속적으로 투자해왔지만, 단순히 데이터를 모아두는 것만으로는 실질적인 인사이트를 도출하는 것에 어려움이 있습니다. 다양한 데이터를 수집하고 있음에도 불구하고, 정보는 여전히 여러 시스템과 플랫폼에 분산되어 있으며, 때로는 수집조차 어려운 데이터들도 산재해 있습니다. 이처럼 파편화된 데이터 환경 속에서 이제 기업은 단순히 데이터가 '존재한다'는 것만으로 비즈니스 문제를 해결할 수 없다는 현실과 마주하고 있습니다[1].

빅데이터·클라우드·AI 등 우리가 흔히 말하는 첨단 기술 또한, 해결책이 아니라, 어디까지나 '도구'에 불과하며, 중요한 것은 이 도구들을 데이터와 어떻게 연결하고 활용하느냐, 그리고 그것이 실질적인 비즈니스 가치로 이어지느냐 입니다.

---

1) 빅데이터 혁신융합대학, 기업에서의 LLM 활용을 위한 Palantir AIP 솔루션, https://bigdatahub.ac.kr/contents/bigtv?bbs_section=view&Ctg=&page=2&idx=36&keyfield=&key=&Ctg-

그렇다면 방대한 데이터 속에서 우리는 어떻게 지식을 연결하고, 새로운 통찰과 가치를 만들어낼 수 있을까요? 이러한 질문에 대한 해답은 바로 지식그래프(Knowledge Graph: KG)입니다. 지식그래프는 오랫동안 기업이 갈망하는 지식의 축적과 활용, 즉 지식 관리 문제의 대안이 될 수 있습니다. 기업이 보유한 다양한 지식들은 여러 문서와 데이터베이스에 산재하여 제대로 활용되지 못하고 있습니다.

지식그래프는 이러한 지식들을 통합하고, 구조화함은 물론 새로운 지식을 추론하는 능력을 발휘하여 제품 개발, 고객에 대한 제품 추천, 품질 및 설비 문제의 개선 등 해결책을 제시할 수 있습니다.

이미 구글, 팔란티어, 삼성전자 등 글로벌 선도 기업들은 지식그래프를 통해 검색, 추천, 의사결정, AI 분석 등 핵심 영역에서 실질적인 성과를 창출하고 있습니다. 지식그래프는 단순히 데이터를 저장하는 것이 아니라, 조직이 보유한 데이터 자산을 지식으로 전환하고, 이를 비즈니스 가치로 연결하는 기반 기술로 자리매김하고 있습니다.

1.1. 지식그래프란 무엇인가?

그렇다면 지식그래프란 무엇일까요? 지식그래프는 데이터를 개체(Entity)단위로 분해하고, 그들 사이의 관계(Relation)를 그래프 구조로 표현한 것입니다. 쉽게 말해, 지식을 시각적으로 구조화한 네트워크라고 할 수 있습니다. 이 그래프는 단순한 점과 선의 연결이 아니라, 개체 간의 의미론적 관계를 표현해주며, 이를 통해 데이터를 더 잘 이해하고 활용할 수 있게 해줍니다.

지식그래프는 보통 삼중항(triple)의 형식으로 구성됩니다. 삼중항이란 하나의 문장을 다음과 같이 나눈 것입니다.

- **주체(Subject)**

- **관계(Predicate)**
- **객체(Object)**

예를 들어, (세종대왕, 창제하였다, 한글)이라는 구조는 "세종대왕이 한글을 창제하였다"는 사실을 구조화된 지식으로 표현한 예입니다. 이러한 구조는 데이터를 단순히 나열하는 것이 아니라, 그 의미적 관계를 구조화하여 인간과 컴퓨터 모두가 이해할 수 있는 지식체계로 바꾸어줍니다.

그리고 삼중항을 표현하기 위해 지식그래프는 다음과 같은 네 가지 요소로 구성되어 있습니다.

- **노드(Node)**
  사람, 특정 장소, 사물, 사건, 개념 또는 추상적인 의미를 표현할 수 있으며, 지식그래프의 중심에서 데이터를 구성하며, 다른 개체들과의 연결을 통해 지식의 구조를 만들어 나가는 역할을 하는 핵심 구성요소입니다.
- **엣지(Edge)**
  노드와 노드를 이어주는 선으로, 이들 간의 관계를 나타냅니다. 단순히 두 개체를 연결하는 데 그치지 않고, 그 연결이 어떤 의미를 가지는지를 함께 표현합니다. 예를 들어 '세종대왕'이라는 노드와 '한글'이라는 노드를 '창제하였다'라는 엣지로 연결하면, 이 두 개체 간의 관계를 명확하게 보여줄 수 있습니다. 엣지는 이렇게 지식 간의 상호작용을 구조화하고, 이해를 돕는 중요한 수단이 됩니다.
- **속성(Property)**
  각 노드나 엣지가 가지는 세부적인 정보나 특성을 나타냅니다. 예를 들어 '세종대왕'이라는 개체에는 생년, 직책, 업적 등 다양한 속성이 포함될 수 있으며, 엣지에도 시간, 위치, 확신도와 같은 속성이 부여될 수 있습니다. 이러한 속성은 지식그래프의 정보를 더욱 풍부하고 정밀하게 만듭니다.
- **라벨(Labels)**
  노드와 엣지에 부여되는 유형 구분 태그로, 개체나 관계의 종류를 식별하는 데 사용됩니다. 예를 들어 '인물', '장소', '기관' 등의 라벨은 노드의 성격을 분류하는 데 쓰이며, 엣지에도 '소속', '발생', '창조'와 같은 라벨이 붙을 수 있습니다. 라벨은 시각화 과정에서 유사한 개체나 관계를 색상이나 도형으로 구분할 수 있게 해주기 때문에, 지식그래프의 전반적인 구조를 한눈에 파악하는 데 도움을 줍니다.

이러한 구조를 통해 지식그래프는 단순한 연결을 넘어 의미 중심의 데이터 구조를 구현할 수 있습니다. 다음 표는 지식그래프의 구성 요소의 설명과 예시입니다.

[지식그래프 구성요소]

구분	설명	예시
노드	개체나 항목을 나타냄	삼성, 메모리
엣지	노드 간의 관계을 나타냄	생산한다.
속성	개체나 관계에 대한 추가 정보를 제공함	주소지, 제품 사양
라벨	노드와 엣지의 유형을 나타내는 태그	회사, 제품

이처럼 지식그래프는 단순한 데이터 연결을 넘어서, 개체와 관계, 그리고 그 세부 정보를 통해 지식을 체계적이고 정밀하게 구조화합니다. 결과적으로, 인간의 사고방식을 닮은 데이터 구조를 형성하게 되며, 이는 검색, 추천, 분석 등 다양한 인공지능 응용 분야에서 강력한 기반이 됩니다.

지식그래프를 구축하기 위해서는 어떤 개체가 존재하고, 어떤 관계가 가능한지에 대한 정의가 필요합니다. 하지만 데이터가 넘쳐나는 시대에서, 이처럼 복잡한 구조를 어떻게 일관되게 정의할 수 있을까요? 이것을 설계하고 규정하는 것이 바로 온톨로지(Ontology)입니다. 온톨로지는 지식그래프를 구성하는 개체와 관계를 정의하는 설계도 혹은 청사진이라 할 수 있습니다. 즉, 특정 도메인에서 어떤 개체들이 존재하며, 이들 사이에 어떤 관계가 가능한지를 체계적으로 정의해주는 모델입니다.

예를 들어 "사람 ↔ 도시 : 거주한다"는 관계가 온톨로지에 정의되어 있다면,

지식그래프에서는 "홍길동(사람)은 서울(도시)에 거주한다"는 사실을 일관성 있게 표현할 수 있습니다.

이처럼 온톨로지는 지식그래프가 중구난방으로 구성되는 것을 막고, 일관성 있고 확장 가능한 구조를 가능하게 해줍니다. 이러한 온톨로지 기반의 명확한 개념 정의 덕분에 지식그래프는 단순한 데이터 저장소를 넘어, 컴퓨터가 이해하고 추론할 수 있는 의미론적 지식 모델로 기능하게 됩니다.

지식그래프와 온톨로지의 개념을 보다 쉽게 이해하기 위해, 하나의 예시[2]를 살펴보겠습니다. 아래는 와인과 관련된 정보를 나열한 문장입니다.

"wine 1의 원산지는 칠레이다."
"wine 2는 스테이크와 어울린다."
"wine 3은 white wine이다."
"wine 4는 2020년 생산되었고, 가격은 ₩52만이다."

이러한 문장은 사람에겐 쉽게 이해되지만, 기계가 그 구조와 의미를 파악하기는 어렵습니다. 이를 구조화하기 위해 우리는 다음 표와 같은 관계 규칙(온톨로지)을 정의합니다.

[온톨로지의 예: Wine 사례]

속성 이름	도메인(출발 클래스)	레인지(도착 클래스)	설명
hasOrigin	Wine	Country	해당 와인의 원산지
importedBy	Wine	Importer	와인을 수입한 회사
pairedWith	Wine	Food	함께 곁들이는 음식
hasType	Wine	WineType	와인의 종류(레드/화이트 등)
hasYear	Wine	xsd:gYear	생산 연도
hasPrice	Wine	xsd:integer	가격 (₩ 단위)

위의 온톨로지를 기반으로 실제 데이터를 트리플 형태로 표현하면 다음과 같이 구성됩니다.

2) 비트나인, 그래프 데이터베이스로 구현하는 지식그래프(vs RDF), https://bitninc.tistory.com/515

```
[Wine1] --hasOrigin--> [Chile]
        --importedBy--> [AA]
        --hasType--> [RedWine]
        --hasYear--> [1999]
        --hasPrice--> [300000]

[Wine2] --hasOrigin--> [France]
        --importedBy--> [BB]
        --hasType--> [RedWine]
        --pairedWith--> [Steak]
        --hasYear--> [2011]
        --hasPrice--> [200000]
```

트리플 형태로 표현된 데이터는 아래 그림과 같이 그래프 형태로 시각화할 수 있습니다. 노드와 엣지로 구성된 지식그래프를 통해 각 개체들 간의 관계를 직관적으로 볼 수 있습니다. 아래는 온톨로지 기반의 구조화된 데이터를 지식그래프로 표현한 그림입니다.

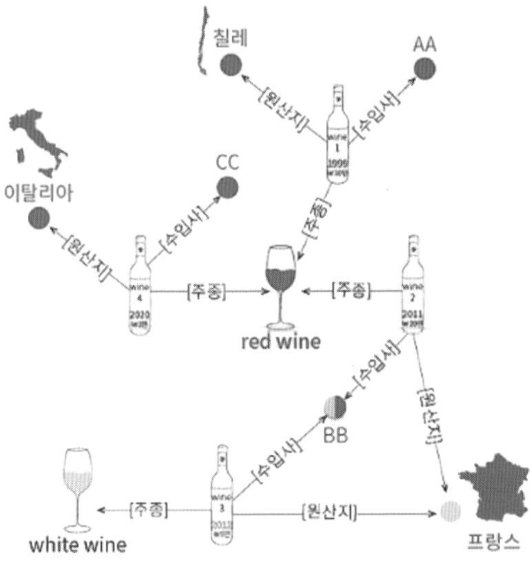

[지식그래프 예시[3]]

위 그래프에서는 다음과 같은 사실들이 표현됩니다.

- wine 1은 칠레산이며, AA라는 수입사를 통해 수입되었고, 레드 와인이다.

---

3) SKAI Worldwide, 그래프 데이터베이스로 구현하는 지식그래프(vs RDF)

- wine 2는 프랑스산, BB 수입, 레드 와인이며 스테이크, 소시지와 함께 곁들여진다.
- wine 3은 화이트 와인, 프랑스산, 2012년, 가격 ₩50,000
- wine 4는 이탈리아산, 2020년 생산, ₩30,000, 레드 와인

이처럼 지식그래프는 다대다 관계, 이질적인 속성 간 연결, 시맨틱한 의미 연결을 명확하게 시각화할 수 있습니다.

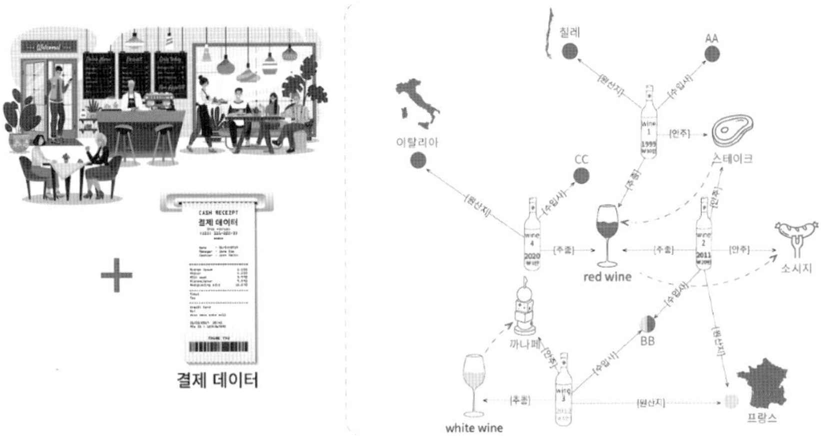

[지식그래프 추론 예시[3]]

위의 그림은 결제 데이터를 기반으로 구성된 지식그래프의 추론의 예시를 볼 수 있습니다. 결제 데이터에는 소비자가 구매한 와인 종류와 함께 주문한 음식에 대한 정보가 포함되어 있으며, 이를 통해 다양한 개체인 와인, 음식, 국가 등과 관계인 구매, 생산 등의 정보를 구조화할 수 있습니다.

예를 들어, '와인 1'과 '와인 2'는 모두 스테이크와 함께 소비된 레드 와인입니다. 이러한 연결 관계를 지식그래프 형태로 시각화하면, "스테이크를 주문하는 소비자는 레드 와인을 선호한다"는 추론이 가능합니다. 이를 바탕으로 스테이크를 주문한 고객에게 레드 와인을 추천하거나, 유사한 레드 와인을 제안하

는 개인화된 추천 시스템을 구현할 수 있습니다.

이처럼 지식그래프는 단순한 데이터 저장이나 조회를 넘어, 데이터 간 의미 있는 연결을 통해 새로운 가치를 창출하는 도구입니다. 특히 온톨로지를 기반으로 개체와 관계를 정교하게 모델링하면, 데이터의 의미를 시각적으로 드러내고, AI, 검색, 추천 시스템 등 다양한 분야에 효과적으로 활용할 수 있습니다.

와인 예제를 통해 살펴본 것처럼, 지식그래프는 개체와 관계를 연결해 지식을 구조화함으로써 복잡한 데이터를 이해하고 추론하는 데 강력한 기반을 제공합니다. 이러한 특성 덕분에 지식그래프는 오늘날 다양한 산업과 서비스 분야에서 큰 주목을 받고 있습니다.

그렇다면 독자 여러분은 이런 질문이 떠오를지도 모릅니다. "도대체 지식그래프는 왜 이렇게 중요한 걸까?", "단순한 데이터 연결 그 이상이라고 했는데, 그건 무엇을 의미할까?"이 질문에 대한 해답은 단순히 그래프의 구조나 구성요소에 있지 않습니다. 지식그래프는 사실 인공지능의 오랜 역사속에서, "기계가 인간의 지식을 어떻게 이해하고 활용할 수 있을까?"라는 본질적인 질문에 대한 한 가지 답변으로 등장한 개념입니다. 이제 다음 절에서는 지식그래프가 인공지능의 발전 흐름 속에서 어떤 배경에서 등장했는지, 그리고 왜 지금의 AI와도 뗄 수 없는 관계를 맺고 있는지에 대해 함께 들여다보겠습니다.

1.2. 인공지능과 지식그래프

지식그래프는 단순한 데이터 연결 구조가 아닙니다. 이는 인공지능의 역사 속에서 반복적으로 등장했던 오래된 질문 "기계는 인간의 지식을 어떻게 이해하고 활용할 수 있을까?"에 대한 오랜 탐색의 결과물입니다. 지식그래프 이론은 인공지능의 발전 경로와 깊은 연관을 가지고 있습니다. 이 절에서는 지식그래프가 어떤 방식으로 인공지능의 발전과 맞물려 왔는지, 시대의 흐름에 따라 정리해 보고자 합니다.

인공지능의 역사는 일반적으로 두 가지 흐름이 교차하며 전개되었습니다. 하나는 기호 기반(Symbolic) 접근이고, 다른 하나는 통계 기반(Statistical) 또는 연결주의(Connectionist) 기반 접근입니다. 기호 기반은 지식을 명시적으로 정의하고 추론 규칙을 적용하는 방식이며, 연결주의는 수많은 예시와 확률을 기반으로 학습하여 패턴을 인식하는 방식입니다. 지식그래프는 그중에서도 기호 기반 인공지능의 맥락에서 태어나고 발전해 왔습니다.

초기 인공지능 연구가 활발했던 1950년대와 60년대에는 인간처럼 생각하고 추론할 수 있는 시스템을 만들기 위해 논리 기반 표현이 중요하게 여겨졌습니다. 이 시기 학자들은 '지식'이라는 것을 어떻게 기계가 다룰 수 있도록 만들 것인가에 초점을 맞췄습니다. 그 결과 등장한 것이 '기호 논리학'을 활용한 지식 표현 방식입니다. 이 방식은 명제 논리, 술어 논리 같은 형식 논리를 사용해 사람, 장소, 사물, 사건 등의 정보를 구조화하고, 그 사이의 관계를 규칙으로 정의하는 것입니다.

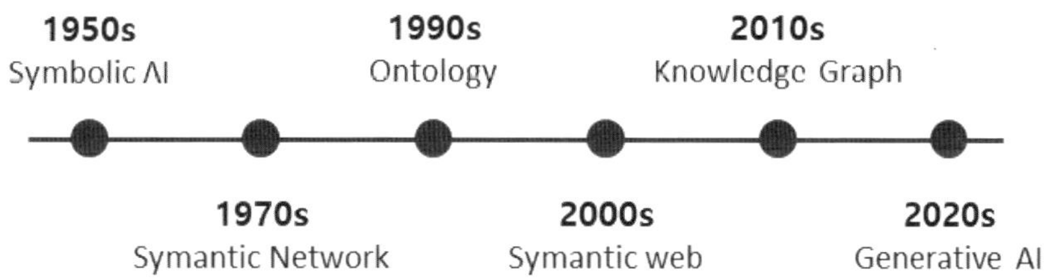

[인공지능과 지식그래프의 역사]

이러한 기호 기반 인공지능의 대표적인 결과물이 바로 1970년대에 나타난 의미망(Semantic Networks)과 프레임(Frame)이라는 개념입니다. 의미망은 단어와 단어 사이의 의미 관계를 그래프 형태로 연결한 지식 구조이고, 프레임은 개념이나 사건을 일정한 구조 안에서 정의하고 확장할 수 있도록 만든 틀입니다. 이들은 모두 오늘날 지식그래프에서 사용하는 노드와 엣지, 속성이라는 개념의 기초가 되었습니다.

그리고 1990년대에 대량의 데이터를 처리하고 의미를 추출하기 위해서는 데이터를 체계적으로 구조화하고 데이터 간의 관계를 명확히 정의하기 위해 표준화된 프레임워크로 온톨로지가 제시되었습니다. 당시 개발된 많은 전문가 시스템(Expert Systems)은 이런 구조를 바탕으로 질의응답, 의사결정 지원 등의 기능을 수행했습니다.

하지만 1980년대 후반부터 기호 기반 인공지능은 한계를 드러내기 시작했습니다. 세상은 너무 복잡했고, 인간이 직접 모든 규칙과 지식을 손으로 일일이 정의하기에는 한계가 있었습니다. 이때부터 AI 연구는 확률 기반의 기계학습, 즉 연결주의적 접근으로 기울기 시작했습니다. 신경망(Neural Networks)이 다시 주목받았고, 데이터 중심의 인공지능이 부상했습니다. 이 흐름 속에서 지식그래프는 한동안 연구의 중심에서 벗어나게 되었습니다.

그러나 2000년대 초반, 인터넷의 발전과 함께 상황은 다시 바뀌었습니다. 정보가 폭발적으로 증가하자, 사람들은 '정보는 많지만 정리가 안 되어 있다'는 문제에 부딪혔습니다. 이때 제기된 것이 시맨틱 웹(Semantic Web)이라는 개념입니다. 시맨틱 웹은 웹상에 존재하는 데이터를 사람만이 아니라 기계도 이해하고 처리할 수 있도록 의미를 부여하자는 아이디어에서 출발했습니다. 이를 위해 RDF, OWL, SPARQL 같은 의미 기반의 표현 언어가 개발되었고, 이러한 기술들은 곧 지식그래프를 위한 기반 언어가 되었습니다.

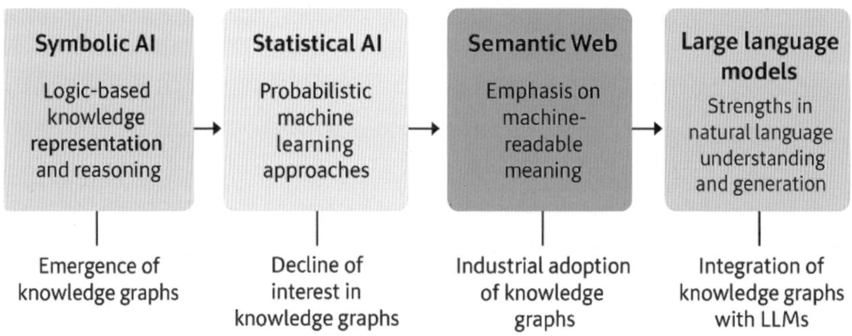

[인공지능의 발전과 시맨틱(의미 기반) 웹]

시맨틱 웹이 제시한 이론적 구조는 다시 한 번 기호 기반 접근의 가치를 부각시켰습니다. 구글, 아마존, 마이크로소프트와 같은 기업들이 자사의 검색엔진이나 추천시스템에 의미 기반 지식을 활용하면서, 지식그래프는 산업에서도 중요한 기술로 자리잡기 시작했습니다. 특히 2012년 구글이 'Knowledge Graph'를 공개하면서, 단순한 키워드 검색이 아닌, 사물에 대한 이해를 바탕으로 검색 결과를 제공하겠다는 방향성은 산업계뿐만 아니라 학계에도 큰 반향을 일으켰습니다.

이 시점에서 지식그래프는 더 이상 단순한 온톨로지 기반의 지식 저장소가 아니었습니다. 그것은 수십억 개체와 그들의 관계를 정리하고, 질문에 답하거나 추천을 하거나 설명을 제공할 수 있는 실시간 시스템으로 진화하고 있었습니다. 그리고 곧 등장한 인공지능의 또 다른 전환점, 바로 거대언어모형(LLM)의 출현은 지식그래프를 다시 한 번 AI의 중심 기술로 주목받게 하였습니다.

GPT-3, BERT, Claude 같은 LLM들은 자연어 이해와 생성에서 매우 뛰어난 성능을 보이지만, 그 내부는 확률 기반의 예측 구조이기 때문에 정확한 사실, 출처, 논리적 연결에는 약점을 가지고 있습니다. 이런 한계를 보완하는 기술로 떠오른 것이 바로 지식그래프입니다. 지식그래프는 LLM이 다루기 어려운 정확한 개체 간 관계, 출처 기반 정보, 설명 가능한 추론 구조를 제공함으로써, LLM과의 융합을 통해 새로운 형태의 인공지능 방법론으로 설명 가능한 AI(eXplainable AI, XAI), 신뢰 기반 AI의 기반이 되고 있습니다.

최근 각광받는 RAG(Retrieval-Augmented Generation) 구조는 이 융합의 대표적인 예입니다. 여기서 지식그래프는 LLM의 기억 창고로 작동하며, 확률적 생성 시스템에 논리적 기반과 사실성을 부여합니다. 이는 과거 기호 기반 인공지능의 가치를 현대의 데이터 중심 AI 속에서 재발견한 사례이며, 동시에 기호와 확률의 하이브리드 모델이 인공지능의 미래임을 보여주는 실질적인 방향성입니다.

결론적으로, 지식그래프는 인공지능의 역사 속에서 기호적 표현과 추론이라는 고전적인 철학을 계승하면서도, 최근에는 대규모 언어모델이라는 최신 AI 기술과 통합되어 새롭게 진화하고 있습니다. 정보의 의미, 구조, 관계를 이해하려는 시도는 인공지능이 단순한 도구를 넘어 인간처럼 '이해하는 존재'로 발전하기 위한 핵심 여정이며, 지식그래프는 그 여정의 중심에 존재합니다. 다음 절에서는 대규모 언어모델과 지식그래프 관계에 대해 살펴보도록 하겠습니다.

1.3. 거대언어모형과 지식그래프

오늘날 가장 강력한 인공지능 기술 중 하나로 꼽히는 거대언어모형(Large Language Model: LLM)은 지식그래프와 어떤 관계를 맺고 있을까요? 이번 절에서는 이 둘이 어떻게 보완 관계를 이루며 함께 진화하고 있는지를 깊이 있게 살펴보고자 합니다.

거대언어모형은 방대한 언어 데이터를 학습해 사람처럼 자연어를 이해하고 생성할 수 있는 인공지능 모델입니다. 여러분도 아마 ChatGPT와 같은 생성형 AI를 사용해본 경험이 있으실 텐데요, 질문 하나만 입력하면 자연스럽게 대화를 이어가는 이 기술은 이제 많은 사람들의 일상 속에 깊숙이 자리 잡고 있습니다.

하지만 이처럼 '똑똑해 보이는' 인공지능도 분명한 한계를 가지고 있습니다. 가장 대표적인 문제는 사실을 정확히 기억하지 못한다는 점, 그리고 지식의 구조를 이해하지 못한다는 점입니다. LLM은 통계 기반의 확률적 언어 생성에는 뛰어난 능력을 보이지만, 특정 개체를 일관되게 식별하거나, 개념 간의 관계를 명확히 구성하는 데는 취약합니다. 요컨대, 지식은 알고 있는 것처럼 보여도, '그 지식이 왜 맞는가'를 설명하거나 추론하는 데는 어려움을 겪습니다.

이러한 한계는 단지 기술적인 문제에 그치지 않습니다. 실제 기업이나 공공기관의 업무 현장에서는 신뢰성, 설명 가능성, 법적 책임, 품질 관리 등 다양한 실무적 요건이 반드시 충족되어야 하며, 이와 충돌할 경우 AI의 활용 가능성 자체가 위협받을 수 있습니다. 결국 우리는 "생성형 AI가 제시한 답을, 우리는 어디까지 신뢰할 수 있는가?"와 같은 본질적인 질문에 맞닥뜨리게 됩니다.

이 문제는 AI의 성능 그 자체를 넘어서, 지식의 구조화, 검증 가능성, 그리고 설명 가능한 신뢰 기반의 시스템 구축이라는 더 근본적인 과제와 맞닿아 있습니다. 그리고 바로 이 지점에서, 지식그래프는 LLM의 한계를 보완할 수 있는 핵심 기술로 다시금 주목받고 있습니다. 실제로, 생성형 AI의 한계를 극복하기 위해 많은 연구자와 기업들이 LLM과 지식그래프의 결합을 시도하고 있으며, 다음과 같은 실질적인 효과가 입증되고 있습니다.

[LLM의 한계와 지식그래프의 역할]

LLM의 한계	지식그래프의 보완 역할
퍼지 매칭(Fuzzy Matching) : 유사 단어나 문맥은 유연하게 처리하지만, 전문적인 질문에는 정확도가 떨어짐	구조화된 개념 간 관계 기반 응답을 제공하여 정확도 향상
모델 드리프트(Model Drift) : 학습 데이터가 오래되면 현재 지식과 괴리 발생	실시간 지식 업데이트를 통해 최신 정보 반영
의미적 불확실성(Semantic Uncertainty) : 그럴듯해 보이는 환각(hallucination) 현상	신뢰 가능한 지식 기반을 참조하여 환각 감소

LLM과 지식그래프결합을 통한 기대효과는 다음과 같습니다.

- **사실 기반 응답 제공**
  지식그래프는 정확하고 신뢰할 수 있는 배경 지식을 LLM에 제공하여, 환각을 줄이고 응답 정확도를 높입니다. 실제로 DataWorld에 따르면, 지식그래프를 도입했을 때 LLM의 정확도가 최대 300%까지 향상된 사례가 보고되었습니다.
- **의미 기반 추론 강화**
  예를 들어, '약물 A → 질병 B 치료', '질병 B → 증상 C 발생'이라는 관계가 있을 때, LLM은 이를 바탕으로 "약물 A가 증상 C에도 효과가 있을 수 있다"는 논리적 추론이 가능해집니다.
- **용어의 모호성 해소**
  "위약"이라는 단어는 설탕 알약일 수도, 식염수 주사일 수도 있습니다. 지식그래프는 이러한 용어를 정확한 맥락에 연결하여 오해를 방지합니다.

- **사용자 질문의 명확화**

  예를 들어, "약물 X에 대한 임상시험 결과는?"처럼 모호한 질문도, 지식그래프는 '약물 ↔ 시험 ↔ 결과'의 구조를 활용해 정확한 데이터로 연결된 응답을 생성할 수 있습니다.

- **설명 가능한 AI 구현**

  LLM은 종종 왜 그런 답을 했는지 설명하지 못합니다. 하지만 지식그래프는 노드와 엣지의 연결 구조를 통해 추론 경로를 시각화할 수 있어, AI 응답의 설명력과 투명성을 확보할 수 있습니다.

이처럼 지식그래프는 단순한 보조 수단을 넘어, LLM의 신뢰성과 활용 가능성을 근본적으로 높여주는 지식 인프라로 자리매김하고 있습니다. 이제 우리는 AI를 더 '똑똑하게' 만드는 데 그치지 않고, 더 정확하고 설명 가능한 방식으로 활용하는 길 위에 서 있습니다.

1.3.1. 지식그래프를 활용한 LLM 보완 방법

앞서 살펴본 것처럼 LLM과 지식그래프는 서로의 약점을 보완하는 상호보완적 파트너입니다. 이 둘의 통합은 더 정확하고 신뢰할 수 있는 인공지능 시스템 구축을 위한 핵심 전략으로 주목받고 있으며, 최근에는 다양한 결합 방식이 활발히 연구되고 있습니다. LLM과 지식그래프의 통합은 크게 다음 세 가지 프레임워크로 분류됩니다[4].

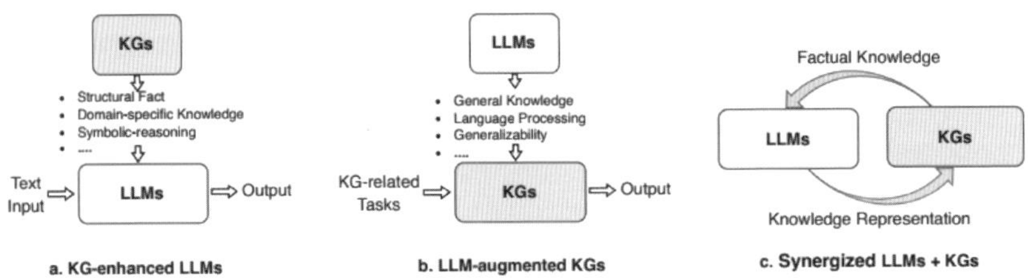

[LLM과 지식그래프 통합프레임워크]

---

4) Yufei Wang 외(2024), Unifying Large Language Models and Knowledge Graphs

- **지식그래프 강화 LLM(KG-enhanced LLMs)**

  LLM이 잘못된 정보를 생성하는 오류를 보완하기 위해 지식그래프를 주입하는 방식입니다. 사전 학습시 지식그래프 정보를 반영하거나 생성 중 실시간으로 구조화 지식을 참고 설명 가능한 AI를 만들기 위한 해석 가능성 개선 등도 포함될 수 있습니다.
- **LLM 증강 지식그래프(LLM-augmented KGs)**

  지식그래프는 텍스트 외 정보에 취약하고 누락된 사실도 많기 때문에, LLM을 통해 텍스트에서 개체와 관계를 추출하거나, 누락된 사실을 보완하는 방향으로 활용됩니다.
- **시너지 LLM + 지식그래프(Synergized LLMs + KGs)**

  LLM과 지식그래프의 장점을 동시에 살려, 추천 시스템, 질의응답, 지식 검색 등 다운스트림 애플리케이션에서 성능을 최대화하는 통합 프레임워크입니다. 이러한 통합 전략은 단순한 기술적 결합을 넘어, AI가 더 정확하고, 더 설명 가능하며, 더 신뢰할 수 있도록 발전하는 기반이 되고 있습니다.

1.3.2. 거대 언어 모델을 이용한 지식그래프 구축[5)6)7)8)]

이제 앞서 살펴본 통합 프레임워크가 지식그래프 구축에 어떻게 활용되고 있는지 살펴보겠습니다. 최근 몇 년 사이, 거대 언어 모델은 자연어 처리(Natural Language Processing: NLP) 분야에서 혁신적인 발전을 이루며, 지식그래프 구축 방식에도 큰 변화를 가져오고 있습니다.

방대한 텍스트 데이터를 학습한 LLM은 단순한 문장 생성 능력을 넘어, 텍스트 내 의미와 구조를 이해하고, 그 속에 내포된 지식까지도 효과적으로 추출할 수 있는 능력을 보여주고 있습니다. 이러한 기술적 진보는 지식그래프를 보다

5) Knowledge Graph Embedding by Translating on Hyperplanes (Wang et al., 2014)

6) Neural Information Extraction: A Survey (Zhou et al., 2018)

7) Language Models are Few-Shot Learners (Brown et al., 2020)

8) Pre-trained Language Models for Information Extraction: A Survey (Li et al., 2022)

자동화된 방식으로 생성하고, 관리하며, 확장하는 데 결정적인 역할을 하고 있습니다.

기존의 지식그래프 구축은 엔티티와 관계를 식별하고 정제하는 데 많은 시간과 인력이 소요되는 복잡한 작업이었습니다. 하지만 LLM을 활용하면 다음과 같은 핵심 기능을 통해 구축 과정을 자동화하고 생산성을 비약적으로 향상시킬 수 있습니다.

- **개체 및 관계 추출(Entity and Relation Extraction)**
  LLM은 텍스트 내에서 주요 개체를 식별하고, 개체들 사이의 관계를 파악하는 데 뛰어난 성능을 보입니다. 예를 들어, "앨런 튜링은 컴퓨터 과학의 아버지로 불린다"라는 문장에서 LLM은 "앨런 튜링"과 "컴퓨터 과학"이라는 개체를 인식하고, "아버지로 불린다"라는 관계를 추출할 수 있습니다. 이러한 추출 과정을 통해 지식그래프의 노드와 엣지를 자동으로 생성할 수 있습니다.
- **관계 분류(Relation Classification)**
  추출된 관계의 유형을 정확하게 분류하는 것은 지식그래프의 품질을 높이는 데 중요합니다. LLM은 문맥을 이해하는 능력을 바탕으로 다양한 관계 유형(예: 인과 관계, 소유 관계, 상하 관계 등)을 정확하게 분류할 수 있습니다.
- **개체 연결(Entity Linking)**
  텍스트에 언급된 개체가 기존 지식그래프의 어떤 노드에 해당하는지 연결하는 작업입니다. LLM은 개체의 이름뿐만 아니라 주변 문맥까지 고려하여 정확도를 높일 수 있습니다. 예를 들어, '애플'이라는 단어가 나왔을 때, 이것이 과일인지 회사인지 문맥을 파악하여 적절한 지식그래프 노드에 연결할 수 있습니다.
- **정보 추출 및 통합(Information Extraction and Integration)**
  다양한 텍스트 소스로부터 정보를 추출하고, 이를 하나의 일관된 지식그래프로 통합하는 과정입니다. LLM은 다양한 형식의 텍스트(뉴스 기사, 연구 논문, 웹 페이지 등)를 이해하고, 필요한 정보를 추출하여 지식그래프에 추가할 수 있습니다.

이처럼 거대언어모형은 지식그래프의 수동 구축 과정에서 발생하는 시간과 인력 소모를 줄여주며, 보다 유연하고 자동화된 지식 구축 방식을 가능하게 합니다. 이는 단순한 정보 추출을 넘어, LLM이 지닌 언어적 맥락 이해 능력을 기반으로 한 의미 중심의 지식구조 생성으로 이어지고 있습니다. 다음 절에서는 LLM의 역량이 지식그래프의 유지 관리 및 확장에 어떻게 적용될 수 있는지 구체적으로 살펴보겠습니다.

1.3.3. 거대 언어 모델을 이용한 지식그래프 관리

LLM은 구축된 지식그래프를 관리하고 확장하는 데에도 효과적으로 활용될 수 있습니다.

- **지식그래프 완성(Knowledge Graph Completion)**
  기존 지식그래프에 누락된 정보를 LLM을 이용하여 추론하고 예측하여 채워 넣을 수 있습니다. 예를 들어, "A는 B의 아버지이고, B는 C의 아버지이다"라는 정보가 있을 때, LLM은 "A는 C의 할아버지이다"라는 새로운 관계를 추론하여 지식그래프를 확장할 수 있습니다.
- **지식그래프 업데이트(Knowledge Graph Update)**
  새로운 정보가 발생했을 때, LLM을 이용하여 지식그래프를 자동으로 업데이트할 수 있습니다. 예를 들어, 새로운 연구 결과가 발표되면, LLM은 해당 정보를 분석하여 지식그래프에 새로운 노드나 관계를 추가하거나 기존 정보를 수정할 수 있습니다.
- **지식그래프 품질 관리(Knowledge Graph Quality Management)**
  LLM은 지식그래프 내의 오류나 불일치성을 감지하고 수정하는 데 도움을 줄 수 있습니다. 예를 들어, LLM은 텍스트 정보를 기반으로 지식그래프의 사실성을 검증하거나, 중복된 정보를 식별하여 제거할 수 있습니다.
- **자연어 질의 응답(Natural Language Question Answering)**
  LLM과 결합된 지식그래프는 사용자의 자연어 질문에 대해 정확하고 풍부한 답변을 제공할 수 있습니다. LLM은 사용자의 질문을 이해하고, 지식그래프에서 필요한 정보를 검색하여 자연스러운 답변을 생성합니다.

이 외에도 많은 연구들이 LLM을 활용한 지식그래프 구축 및 관리에 대해 활발히 진행되고 있습니다. LLM의 지속적인 발전은 앞으로 지식그래프의 활용 가능성을 더욱 확장시킬 것으로 기대됩니다.

2

지식그래프의 활용

2 지식그래프의 활용

지금까지 우리는 지식그래프가 무엇인지, 그리고 이를 구축하는 과정에서 LLM을 어떻게 활용할 수 있는지에 대해 살펴보았습니다. 이제 지식그래프는 단순히 데이터를 연결하는 도구를 넘어, 의미를 구조화하고, 지능적인 판단을 가능하게 하는 핵심 기술로 자리 잡고 있다는 점을 확인할 수 있습니다.

현재 지식그래프는 검색 최적화, 추천 시스템, 의료 진단, 금융사기 탐지, 지식 추론 등 다양한 산업 분야에서 의사결정과 자동화의 엔진으로 주목받고 있습니다. 그렇다면, 이러한 지식그래프는 실제로 어떻게 활용되고 있을까요?

가장 먼저 살펴볼 분야는 검색 시스템입니다. 지식그래프가 처음 대중적으로 주목받게 된 것도 바로 이 영역에서였습니다.

2.1. Google: 새로운 검색 엔진의 시작

인터넷은 방대한 양의 정보가 넘쳐나는 공간이며, 그 규모는 날이 갈수록 기하급수적으로 증가하고 있습니다. 이러한 데이터의 바다 속에서 사용자가 원하는 정보를 정확하고 신속하게 찾을 수 있도록 돕는 것이 검색 엔진의 핵심 역할입니다.

초기의 검색엔진은 키워드 기반 검색 방식이 주를 이뤘습니다. 이 방식은 사용자가 입력한 단어나 구문이 웹 문서에 얼마나 많이, 어떤 방식으로 포함되어 있는지를 분석하여 결과를 제공합니다. 주요 알고리즘으로는 다음과 같은 기술들이 사용되었습니다.

- **TF-IDF(Term Frequency-Inverse Document Frequency)**
  단어의 중요도를 평가하여 문서의 관련성을 판단합니다.
- **BM25**
  TF-IDF를 개선하여 문서 길이 정규화를 반영한 랭킹 알고리즘입니다.
- **PageRank**
  링크 구조를 분석하여 웹페이지의 중요도를 평가합니다.

이런 전통적인 알고리즘은 빠르고 단순한 구현이 가능하다는 장점이 있어, 오랜 기간 동안 웹 검색의 핵심 기술로 활용되어 왔습니다. 실제로 많은 기업과 기관에서는 Elasticsearch와 같은 키워드 기반 검색엔진을 도입하여 내부 시스템에 적용해왔습니다. Elasticsearch는 오픈소스 기반의 분산 검색 엔진으로, 대용량의 로그, 문서, 텍스트 데이터를 색인하고 질의하는 데 널리 사용됩니다. 역색인 구조를 기반으로 하여 TF-IDF, BM25 알고리즘 등을 활용하며, JSON 기반의 API와 실시간 검색 기능으로 높은 활용도를 자랑하였습니다.

그러나 이러한 전통적인 검색 방식에는 다음과 같은 한계점이 존재합니다.

- **의미 파악의 부재**
  단어의 의미를 이해하지 못하고 단순히 형태만 인식하기 때문에 동의어나 다의어를 구분하지 못합니다.
- **사용자 의도 미반영**
  예를 들어, "버락 오바마 나이"라는 질의에 대해 '오바마'와 '나이'가 포함된 문서를 나열할 뿐, 사용자의 의도에 맞는 정답을 직접 제공하지 못합니다.

- **정보 연결 부족**
  문서 간의 관계나 맥락, 엔티티 간 의미 있는 연결이 존재하지 않기 때문에, 관련 정보를 종합적으로 탐색하는 것에 어려움이 존재합니다.

이러한 문제를 극복하기 위해 등장한 것이 바로 지식그래프 기반의 검색입니다.

2.1.1. Google의 지식그래프 기반 검색

지식그래프 기반 검색의 가장 대표적인 사례는 구글입니다. 아마 여러분도 이미 지식그래프 기반 검색을 직접 사용해본 경험이 있을 것입니다. 바로 우리가 매일 사용하는 구글 검색에서 말이죠. 구글은 2012년 검색엔진에 지식그래프를 도입하면서 검색 서비스의 품질을 향상시켰습니다[9]. 이를 통해 구글은 단순 키워드 검색을 넘어, 사용자의 의도를 이해하고 구체적인 정답을 제공하는 '시맨틱 검색'을 구현하고 있습니다. 아래 이미지는 사용자가 "How old is Barack Obama?"라는 질문을 입력했을 때, 구글이 보여주는 결과 화면입니다.

[구글 검색 예시]

9) Wisecube, https://www.wisecube.ai/blog/20-real-world-industrial-applications-of-knowledge-graphs

해당 결과는 단순한 웹페이지 목록이 아니라, 지식그래프에 저장된 버락 오바마의 출생일(1961년 8월 4일) 정보를 바탕으로 현재 나이를 자동 계산하여 정답인 '63세'를 직접 제공합니다. 이처럼 사용자는 별도의 계산이나 웹사이트 방문 없이도, 정확한 정보를 즉시 확인할 수 있습니다.

2.1.2. 구글의 지식그래프 기반 검색의 핵심 기능

- **Knowledge Graph 패널**

  검색결과 페이지의 오른쪽과 하단에는 오바마와 관련된 다양한 정보가 구조화된 요약 형태로 제공되고 있습니다.

- **요약 정보 제공**

  단순한 링크 목록이 아닌, 인물의 주요 정보와 연관 맥락을 통합적으로 요약하여 사용자에게 제공합니다.

- **관련 정보 연결**

  오바마와 관련된 다른 인물들(예: 다른 전직 대통령들)과의 관계도 함께 시각화되어, 정보 간 연결성과 탐색 성능을 높입니다.

이처럼 구글은 지식그래프를 활용하여 사실 기반의 정답을 직접 제시하고, 사용자로 하여금 별도의 사이트를 방문하지 않고도 핵심 정보를 빠르게 파악할 수 있도록 도와줍니다. 이러한 변화는 구글이 단순히 웹페이지 링크를 나열하던 검색 엔진에서, 정보를 '요약하고 연결해서 보여주는 지능형 플랫폼'으로 진화했음을 보여줍니다. 구글은 지식그래프 도입으로 인해 사용자가 더 이상 여러 사이트를 일일이 방문할 필요 없이, 지식그래프 기반의 검색을 통해 신속하고 정확하게 원하는 정보에 접근할 수 있습니다. 이러한 변화는 웹 검색에만 국한되지 않습니다.

오늘날 많은 기업들은 자신들이 보유한 방대한 내부 데이터를 빠르고 정확하게 활용하기 위해 사내 검색 시스템에 지식그래프를 도입하고 있습니다. 각 부서에 흩어진 보고서, 기획서, 산출물, 기술 문서, 고객 기록, 보안 로그 등은 단순 키워드 기반 검색만으로는 그 맥락을 이해하거나 적절한 결과를 도출하기 어렵습니다. 하지만 지식그래프를 도입함으로써 정보를 구조화하고, 흩어진 데이터 간 의미 있는 연결을 만들어내며, 기업 내부 검색의 품질을 획기적으로 높이는 도구로 주목받고 있습니다.

다음은 기업에서 내부 시스템에 지식그래프를 결합한 사례를 살펴보도록 하겠습니다.

2.1.3. 삼성 SDS의 지식그래프 기반의 통합 지식검색 플랫폼 : Insight Engine

삼성 SDS는 사내에 축적된 방대한 데이터를 통합 관리하고, 임직원들이 업무에 필요한 정보를 신속하고 정확하게 찾을 수 있도록 지식그래프 기반 검색 엔진, Insight Engine을 개발했습니다. 이 시스템은 28개 사내 시스템에 흩어져 있던 사업 제안서, 프로젝트 산출물, 기술 문서 등 다양한 문서와 그 메타데이터를 수집·분석하여, 이를 지식그래프 형태로 구조화합니다[10].

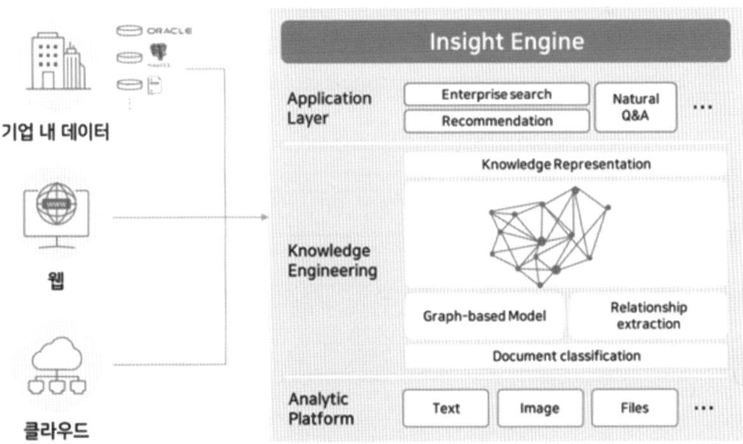

[삼성 SDS Insight Engine architecture]

10) Samsung SDS, Technology Toolkit 2021

Insight Engine은 단순 키워드 검색을 넘어서, 사용자의 질의에 대해 연관 키워드, 관련 사업 정보, 문서, 담당 임직원 등을 함께 제시하여 정보의 맥락과 연결성을 한눈에 파악할 수 있습니다. 또한 사용자 개인의 관심사를 반영한 맞춤형 추천, 자연어 질문에 대한 정확한 답변(QA) 기능도 함께 제공되어, 능동적인 정보 탐색이 가능해졌습니다.

2.1.4. 삼성 SDS의 Insight Engine 핵심 기능

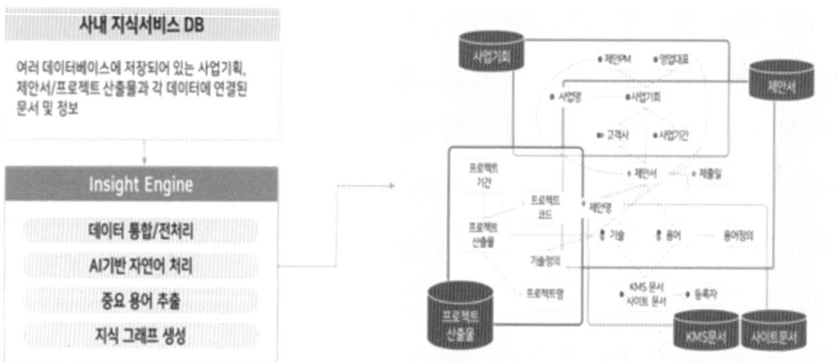

[삼성 SDS Insight Engine 기능[11)]]

- **데이터 통합 관리**
  Insight Engine은 문서뿐만 아니라 이미지, 음성 등 다양한 형태의 데이터를 하나의 지식그래프에 통합하여 관리할 수 있습니다.
- **AI 기반 자연어 처리 및 의도 파악**
  사용자의 질의에서 의도와 상황을 파악하고, 그에 맞는 관계 기반의 지식 추출을 통해 의미 있는 정보를 제공합니다.
- **실시간 지식 업데이트**
  지식그래프 내의 관계는 실시간 수집 및 변경되는 데이터에 따라 자동으로 업데이트되어, 최신 정보 기반의 검색이 가능합니다.

11) Samsung SDS, Technology Toolkit 2021

- **복합질문 응답**

  고도화된 자연어 처리와 자연어 이해 기술을 활용하여, 단순 검색을 넘는 정확하고 구조화된 답변을 제공합니다.

  - "특정 보험에서 도수치료가 보장되는지?"와 같은 질문에 대해, 관련 규정 문서와 함께 정답, 근거 제시
- **검색 + 추천 + 분류 + 예측 AI 모델과 연계**

  기존의 AI 기반 업무 자동화 시스템과 연계되어 문서 추천, 정보 분류, 추론, 예측 등 다양한 업무 지원이 가능합니다.

지금까지 살펴본 바와 같이, 지식그래프는 웹 검색 고도화나 기업 내·외부 데이터를 통합한 문서 검색 및 의사결정 지원 도구로 널리 활용되고 있습니다. 그러나 지식그래프의 활용 범위는 이보다 훨씬 넓습니다. 단순한 정보 검색을 넘어, 연구개발(R&D) 분야에서도 복잡한 지식 탐색과 과학적 발견을 가능하게 하는 핵심 기술로 주목받고 있습니다.

제약, 반도체, 소재, 에너지와 같은 R&D 중심 산업에서는 과학적 사실 간의 복잡한 연결 관계를 빠르게 탐색하고, 그 속에서 의미 있는 패턴을 발견하는 일이 무엇보다 중요합니다. '탐색을 통한 발견'이 핵심인 R&D 영역에 지식그래프를 적용한다면 어떤 결과를 도출할 수 있을까요? 글로벌 제약사 AbbVie의 사례를 통해 지식그래프가 R&D 분야에서 어떻게 활용되고 있는지 살펴보도록 합시다.

2.1.5. AbbVie의 AI 기반의 통합 연구 데이터 분석 플랫폼: ARCH

제약 산업에서 신약 개발은 평균 10년 이상의 시간과 수십억 달러의 비용이 소요되는 복잡한 작업입니다. 특히 유전자, 단백질, 화합물, 질병, 임상 데이터 등 방대한 생물의학 정보가 서로 얽혀 있어, 연구자들은 막대한 양의 데이터를 빠르게 해석하고, 그 속에서 의미 있는 인사이트를 도출해야 합니다. 이러한 과정을 혁신적으로 전환시킬 수 있는 기술이 바로 R&D 지식그래프 검색 시스템입니다.

글로벌 제약사 AbbVie는 내부 실험 데이터, 논문, 특허, 유전체 정보, 약물 데이터 등을 통합하여 하나의 지식그래프 플랫폼 ARCH(AbbVie R&D Convergence Hub)를 구축했습니다[12]. 이 시스템은 연구자들이 '특정 질환과 연관된 유전자', '기존 약물의 새로운 적용 가능성', '경로 기반 치료 타깃' 등을 관계 중심으로 탐색할 수 있도록 돕습니다.

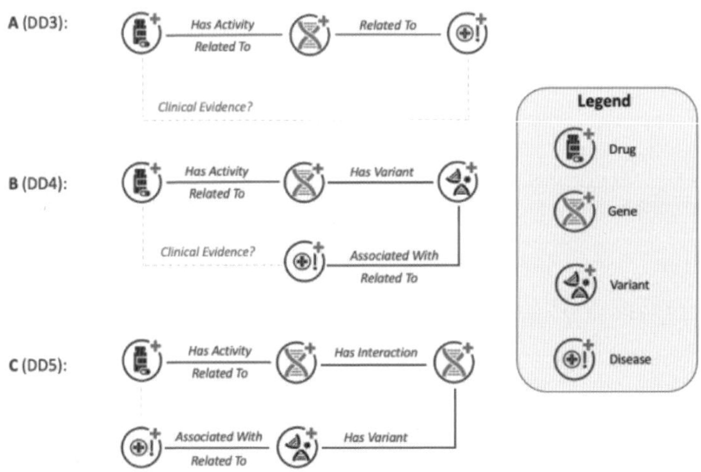

[AbbVie의 ARCH 예시[13]]

ARCH는 단순히 키워드 기반으로 흩어진 정보를 검색하는 것이 아니라, 복잡한 생물학적 개념들 간의 의미 있는 연결성을 시각화하고, 과학적 가설에 대한 데이터 기반 검증까지 지원하는 플랫폼입니다. 이를 통해 연구자는 과거 수일이 걸리던 분석 작업을 몇 분 만에 수행할 수 있고, 약물 표적의 검증, 설계 최적화, 임상 전략 수립 등 다양한 R&D 의사결정을 신속하고 정밀하게 수행할 수 있게 되었습니다.

12) ARCH, "Meet the ARCH, a time-saving tool for researchers focused on finding cures"

13) Brian Martin et al.(2022), Leveraging a Billion-Edge Knowledge Graph for Drug Repurposing and Target Prioritization using Genomically-Informed Subgraphs

2.1.6. AbbVie의 ARCH 핵심 기능

- **관계 중심 탐색**

  유전자-질병-화합물-단백질 등 생물학적 개체 간의 복합적 관계를 탐색할 수 있도록 구성되어 있습니다.

  - "A 질병과 연관된 유전자는 무엇인가?", "이 유전자에 작용하는 약물은 무엇인가?" 같은 자연어 기반 질의가 가능하며, 그 결과는 그래프 형태로 시각화하여 제공됩니다.

- **다중 출처 데이터 통합**

  논문, 특허, 화학/생물학 DB, 임상시험, 전임상 실험 결과 등 서로 다른 포맷의 데이터를 하나의 통합된 지식그래프로 결합합니다. 이는 기존에 단절되어 있던 정보 간의 연결고리를 생성하고, 통합 분석 기반의 가설 생성을 가능하게 하였습니다.

- **자동화된 약물 재창출 기회 탐색**

  지식그래프 내에서 질병과 약물의 경로를 자동으로 분석함으로써, 기존 약물이 치료제로 사용될 수 있는 새로운 질병 영역을 제안합니다.

  - AbbVie는 지식그래프를 통해 기존 백혈병 치료제인 룩솔리티닙이 희귀질환 Carney 복합증에 적합할 수 있다는 가능성을 도출했습니다.

- **설계 최적화를 위한 반복형 분석 피드백**

  화학자들은 그래프를 활용하여 새로운 화합물의 예측 활성을 분석하고, 이전 실험 결과와 비교하여 설계-검증-재설계의 피드백 루프를 단축시킵니다. 이로써 신약 후보 설계의 속도와 정확도를 향상시킬 수 있었습니다.

- **임상 전략 수립 지원**

  임상 개발 단계에서도 지식그래프는 질환 특성, 환자 분포, 병원 특성 등을 통합하여 시험 설계 및 모집 전략 수립에 활용됩니다. 데이터 기반으로 최적의 시험군을 도출하고, 시험 성공률을 높이는 데 기여하였습니다.

AbbVie 사례와 같이 신약 개발에 특화된 R&D 지식그래프는 방대한 생물의학 정보를 하나의 통합된 언어로 연결하며, 그 속에서 인과 관계, 상관관계, 의미적 연결을 탐색할 수 있도록 돕습니다. 데이터가 쌓일수록 지식그래프는 더욱 정교해지고, 연구자들은 미래의 치료제를 더 빠르고 정확하게 찾아낼 수 있는 강력한 지식 탐색 도구로 활용할 수 있습니다.

이처럼 지식그래프는 정보의 의미와 구조를 함께 고려함으로써, 전통적인 방법보다 비교적 정밀하고 풍부한 정보 탐색이 가능하다는 장점을 가지고 있습니다. 아래 표는 전통적 방법과 지식그래프의 특징을 정리한 것입니다.

[지식그래프 기반 검색방식의 특징]

구분	전통 방식	지식그래프 방식
검색 정확도	키워드 일치 여부에 의존	의미 기반 검색 (엔티티·관계 이해)
맥락 이해	문맥 파악 불가능	사용자 의도 및 의미 파악 가능
데이터 연결성	데이터 단편화	정보 간 의미 기반 연결
정보 탐색	단일 차원 정보	다차원 관계 탐색 및 시각화
응답 형태	문서 목록 중심	구조화된 정답 및 관련 정보 제공

앞서 보여드린 Google, 삼성 SDS, AbbVie 등의 사례에서 확인할 수 있듯, 지식그래프는 단순한 정보 검색을 넘어 의사결정, 자동화, 혁신의 중심 도구로 진화하고 있습니다. 이러한 흐름에 따라 기업들도 보유하고 있는 데이터를 지식그래프 형태로 재구조화하며, 흩어진 정보 속에서 숨은 인사이트를 발견하고, 더 빠르고 정확한 정보 탐색이 가능한 검색엔진을 구축해 나갈 필요가 있습니다.

그리고 지식그래프는 사용자의 질문에 더 정확한 정보를 제공하는 의미 기반 검색에서 한 걸음 더 나아가, 사용자 맞춤형 정보 제공, 즉 추천 시스템의 핵심 기술로도 확장되고 있습니다.

2.2. Amazon: 당신의 취향을 연결하다

이 책을 읽고 계신 여러분도 아마 한 번쯤은 온라인에서 상품이나 서비스를 구매해본 경험이 있으실 겁니다. 혹시 최근에 어떤 제품을 검색한 뒤, 관련 상품이 자연스럽게 추천된 적은 없으셨나요? 또는 유튜브에서 영상을 시청한 후,

비슷한 콘텐츠가 자동으로 추천되었던 경험은요? 많은 사람들이 경험한 것과 같이 사용자의 행동이나 관심사에 따라 맞춤형으로 정보를 제공하는 것이 바로 추천 시스템입니다.

그리고 이 추천 시스템은 단순히 편의를 높여주는 기술을 넘어, 전자상거래 산업의 핵심 경쟁력으로 작용하고 있습니다. 온라인 쇼핑몰이나 스트리밍 서비스에서 사용자의 취향을 빠르게 파악하고, 가장 적절한 상품이나 콘텐츠를 제안해주는 능력은 곧 기업의 매출과 직결되기 때문입니다. 이처럼 추천 시스템은 전자상거래의 성장을 견인하는 주요 요소 중 하나로 부상하며, 다양한 산업에서 그 중요성이 점점 더 커지고 있습니다.

전자상거래는 정보기술과 인터넷의 확산 속에서 가장 빠르게 성장한 산업 중 하나입니다. 1990년대 후반 닷컴 열풍과 함께 수많은 기업이 생겨났고, 마켓플레이스와 전자결제, 물류 기술 등의 플랫폼이 발달하면서 꾸준히 시장을 넓혀왔습니다.

넷플릭스, 쿠팡, 아마존, 그리고 최근에는 암호화폐 기반의 새로운 플랫폼까지 등장하면서 시장은 국경을 넘나드는 글로벌 무대로 확장되었고, 서비스는 점점 더 정교해지고 있습니다. 예를 들어, 넷플릭스의 '오징어 게임'이 한국보다도 해외에서 더 큰 인기를 끌었던 사례는 전자상거래가 얼마나 문화적·지리적 경계를 넘는지를 보여주는 대표적인 예라 할 수 있습니다.

특히 코로나 팬데믹 이후에는 전자상거래 웹사이트 수가 약 2배 가까이 증가했고, 전체 소비 매출 중 온라인 쇼핑이 차지하는 비중도 20%를 넘어섰습니다. 그만큼 기업 입장에서는 폭증하는 고객과 상품 데이터를 어떻게 정리하고 활용하느냐가 중요한 과제가 되었습니다.

이러한 추천 시스템은 전자상거래 플랫폼의 핵심 기능으로 자리잡으며, 사용자 경험과 기업의 수익성 모두에 큰 영향을 미치고 있습니다. 그동안 추천 시스템은 기술 발전과 함께 다양한 방식으로 진화해왔고, 특히 다음과 같은 전통적인 알고리즘 기반 접근 방식들이 오랫동안 핵심적인 역할을 해왔습니다.

- **연관 분석**
  "이 상품을 구매한 고객은 저 상품도 구매했다"는 형태의 규칙을 도출해 추천하는 방식입니다.
- **협업 필터링**
  유사한 행동 패턴을 보이는 사용자들의 데이터를 기반으로 "나와 비슷한 고객이 좋아한 상품"을 추천할 수 있습니다.
- **SVD 기반 잠재요인 모델**
  사용자-상품 간 상호작용 행렬을 분해하여 숨겨진 선호도를 수치화하고, 이를 바탕으로 사용자에게 상품을 추천할 수 있습니다.

위에서 언급한 전통적인 방식들은 구현이 비교적 간단하고, 대규모 사용자 데이터를 효과적으로 활용할 수 있습니다. 하지만 시간이 지남에 따라, 점차 다음과 같은 명확한 한계점들이 드러나기 시작했습니다.

- **설명 가능성 부족**
  왜 이 추천이 이루어졌는지를 사용자에게 명확하게 설명하기 어렵다는 한계가 존재하였습니다.
- **콜드 스타트 문제**
  신규 사용자나 신규 상품에 대한 정보가 부족할 경우 추천 정확도가 급격히 저하되었습니다.
- **의미 기반 연결 부족**
  제품이나 사용자 간의 실제 의미 관계를 고려하지 못하고, 단순한 상관관계에 의존한다는 단점이 존재하였습니다.
- **속성 정보 활용 미흡**
  제품의 상세 속성을 추천 알고리즘에 적극적으로 반영하지 못한다는 한계점이 존재합니다.

바로 이 지점에서, 이러한 한계를 극복할 수 있는 대안으로 지식그래프가 주목받기 시작했습니다. 특히 전자상거래 기업들은 고객과 제품에 대한 방대한 정보를 구조화하고 관계를 연결하기 위해 지식그래프를 활용하였으며, 이를 통해 마케팅 전략 수립, 수요 예측, 맞춤형 추천 등 다양한 영역에서 더 정밀하고 효과적인 서비스 실현이 가능해졌습니다.

2.2.1. 추천시스템에서의 지식그래프 활용

전자상거래에서 지식그래프는 다음과 같이 활용되고 있습니다.

- **제품 추천**
  고객과 제품 간의 관계를 매핑하여, 개인의 선호도에 딱 맞는 제품을 자동으로 추천해줄 수 있습니다. 만약 고객이 블랙 컬러의 러닝화를 자주 검색했다면, 같은 스타일의 다른 브랜드 제품을 추천해줍니다.
- **제품 수요 분석**
  제품 지식그래프를 분석해 어떤 제품이 언제, 어디서, 어떤 고객층에 인기가 있는지를 예측할 수 있습니다.
- **고객 행동 분석**
  클릭, 장바구니 담기, 구매 이력 등의 데이터를 분석해 고객의 행동 패턴을 파악하고, 개인 맞춤형 마케팅 전략을 수립합니다.

전자상거래 외에도, 소셜미디어와 엔터테인먼트 산업 역시 지식그래프 기술을 적극적으로 활용하고 있습니다. 페이스북, 인스타그램, 틱톡 같은 플랫폼은 사용자에게 친구를 추천하거나 관심 있는 게시물을 자동으로 띄워주는 기능을 갖추고 있습니다. 또한 넷플릭스, 유튜브, 멜론과 같은 스트리밍 서비스도 사용자의 취향을 분석해 '다음에 볼 콘텐츠'를 제안합니다.

소셜네트워크 서비스에서 지식그래프는 다음과 같이 활용되고 있습니다.

- **소셜 그래프**

  Facebook은 사용자의 친구 관계, '좋아요' 이력, 페이지 팔로우 내역 등을 바탕으로 '엔티티 그래프'를 구축합니다. 이를 통해 서로 관련 있는 사람들, 장소, 콘텐츠를 연결하고 추천합니다.

- **예측 추천 시스템**

  넷플릭스에서는 사용자가 본 콘텐츠와 유사한 속성(장르, 배우, 분위기 등)을 가진 영화를 추천합니다. Facebook은 친구 추천 시, 서로 겹치는 친구 수나 공통 관심사를 기반으로 추천 우선순위를 정합니다.

- **콘텐츠 타겟팅**

  사용자의 취향, 싫어하는 콘텐츠, 활동 시간대 등을 분석해 최적화된 콘텐츠를 피드에 노출합니다.

  - 특정 밴드를 자주 언급하는 사용자에게 해당 밴드의 콘서트 정보나 최신 음원을 우선 보여주는 방식

그렇다면 지식그래프는 실제 추천 시스템 안에서 어떤 방식으로 작동하고 있을까요? 사용자의 행동을 어떻게 이해하고, 어떤 과정을 통해 '당신에게 딱 맞는 콘텐츠'를 찾아내는 걸까요? 아래 그림과 함께 지식그래프 기반 추천 시스템의 작동 과정을 살펴보겠습니다.

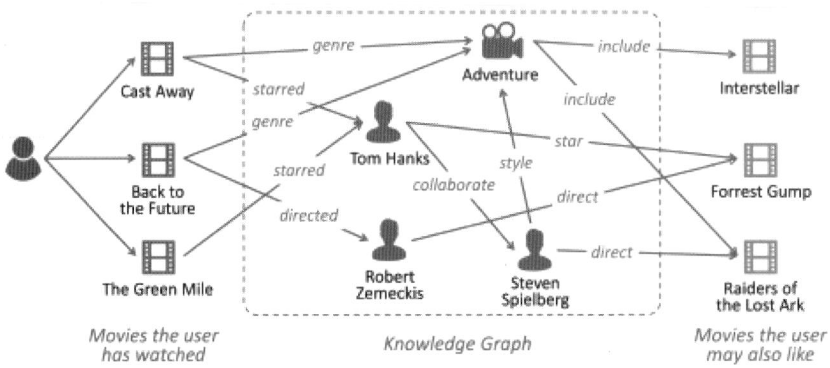

[지식그래프 기반 추천 시스템[14]]

---

14) Dongsheng Li et al.(2023), Deep Learning-Based Recommendation Algorithms

① **사용자 행동 이력 수집**

- 사용자가 클릭한 상품, 시청한 콘텐츠, 검색 기록, 장바구니 이력 등 다양한 형태의 행동 데이터를 수집합니다.
- 이 데이터는 추천의 출발점이 되며, 사용자의 선호도를 파악하는 데 핵심 역할을 합니다

② **지식그래프 연동 및 개체 추출**

- 수집된 행동 이력에 포함된 항목을 지식그래프상의 개체로 매핑합니다.
- 해당 개체와 연결된 속성 및 다른 연관 개체들을 추출합니다.

③ **의미 기반 탐색 및 확장**

- 지식그래프 내에서 사용자의 관심 개체와 의미적으로 연결된 노드들을 따라 확장합니다.
- 이 과정을 통해 보지 않았지만 관련성 있는 아이템을 추천 후보군으로 식별할 수 있습니다.
  - 동일 배우가 출연한 다른 영화, 같은 장르의 상품, 비슷한 기능을 가진 제품 등

④ **후보군 생성 및 랭킹**

- 탐색된 개체들을 기반으로 추천 후보 리스트를 구성한 뒤, 연결 경로의 강도, 유사도, 노출 빈도, 사용자 피드백 등을 고려해 우선순위를 정렬합니다.

⑤ **추천 결과 제공 및 설명**

- 최종 추천 결과를 사용자에게 제공합니다.
  - "이 제품은 당신이 자주 본 브랜드와 동일합니다."
  - "이 영화는 당신이 좋아한 장르와 같은 스타일입니다."

이처럼 추천 시스템은 단순히 "사람들이 많이 본 상품"을 추천하는 것이 아니라, 사용자의 관심과 의미적 맥락을 바탕으로 새로운 콘텐츠를 발견하게 돕

는 역할을 하게 됩니다. 다음은 지식그래프를 활용한 추천 시스템의 대표적인 사례들을 살펴보겠습니다.

2.2.2. Amazon의 지식그래프 기반 추천 시스템

여러분은 세계 최대 전자상거래 플랫폼 중 하나인 Amazon을 알고 계신가요? Amazon은 고객에게 더 나은 쇼핑 경험을 제공하기 위해 다양한 인공지능 기술을 도입해왔습니다. 그중에서도 핵심으로 떠오른 기술은 바로 제품 지식그래프입니다. Amazon은 'AutoKnow'라는 시스템을 통해 제품 간의 관계, 속성, 카테고리 정보를 자동으로 수집하고 구조화하여 고객 맞춤형 추천을 구현하고 있습니다.

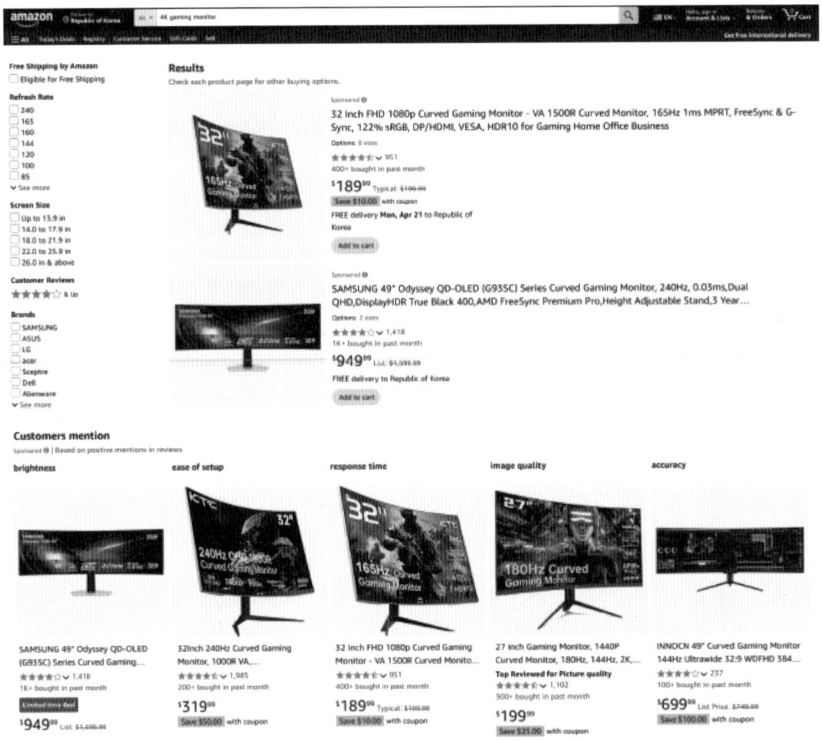

[Amazon 검색 예시]

예를 들어, 사용자가 '4K 게이밍 모니터'를 검색했을 때, 단순히 해상도가 높은 모니터를 나열하는 것이 아니라, 그래픽카드 호환성, 주사율, 패널 종류와 같은 세부 기술 속성을 바탕으로 진짜 '게이밍'에 적합한 제품만을 선별하여 보여줍니다. 더 나아가, 고객이 이미 보유한 장비나 이전 구매 이력과도 연결지어 다음과 같은 의미 기반 추론이 가능해질 수 있도록 합니다.

> 이 사용자는 NVIDIA 그래픽카드를 쓴다 → G-Sync 호환 모니터 추천

이러한 추천의 정교함은 Amazon이 구축한 온톨로지 기반 지식그래프 구조 덕분입니다. 제품의 속성(브랜드, 해상도, 용도 등)과 개체(제조사, 시리즈, 기능 등) 간 관계를 미리 정의해 두고, 그 위에 실시간으로 수집된 데이터를 얹어 업데이트함으로써, 사용자의 요구에 빠르고 정확하게 대응할 수 있는 것입니다. 실제 Amazon은 AutoKnow를 활용하여 제품 타입 분류 정확도를 87.7%에 도달할 수 있었습니다.

이렇듯 Amazon은 AutoKnow를 통해 단순 상품 나열을 넘어 의도 기반의 추천 경험을 제공하며, 고객과 제품 사이의 '이해의 간극'을 좁혀가고 있습니다.

2.2.3. Amazon의 지식그래프 주요 기능

- **제품의 세부 속성 자동 인식**
  노트북을 검색했다고 해서 모든 노트북이 동일한 가치를 가지는 것은 아닙니다. 예를 들어, '게이밍 노트북'은 GPU 성능, 냉각 시스템, 주사율 등 특정 조건이 충족되어야 진짜 게이밍 용도로 간주됩니다. AutoKnow는 제품 설명과 리뷰 등에서 이러한 세부 속성을 자동 추출하고 구조화하여, 단순한 분류를 넘어 목적에 맞는 정확한 추천을 가능하게 합니다.
- **유사 속성 정규화 및 의미 통합**
  'battery life'와 'battery duration'은 같은 의미지만 표현 방식이 다릅니다. AutoKnow는 이런 표현 차이를 이해하고 통합하여 온톨로지의 일관성을 유지합니다. 이는 제품 속성의 중복을 줄이고, 검색어가 달라도 동일한

의미로 인식되도록 도와줍니다.

- **의미 기반 제품 관계 추론**

  단순히 "이 제품을 본 사람은 이런 제품도 봤어요" 수준을 넘어, AutoKnow는 지식그래프에 구축된 관계를 기반으로 논리적 추천을 실행합니다. 예를 들어, 특정 스마트워치를 구매한 사용자는 그와 호환되는 무선 이어폰이나 충전기를 추천받을 수 있으며, 같은 브랜드나 연동되는 앱을 기준으로도 관련 제품을 안내받을 수 있습니다.

- **제품 번들 및 연관 아이템 제안**

  고객이 노트북을 장바구니에 담으면, 함께 사용할 수 있는 마우스, 파우치, 키보드 등을 추천하는 것도 AutoKnow의 역할입니다. 이는 제품 간의 세트 구성 정보와 사용 목적을 함께 고려하여, 고객의 구매 여정을 매끄럽게 만들어 줍니다. "이 제품을 구매한 고객은 이런 제품도 봤습니다"라는 단순한 협업 필터링을 넘어서, 지식그래프 내 관계 추론을 기반으로 '같은 브랜드, 유사한 주요 속성, 보완적 기능을 가진 제품'을 추천하는 고도화된 추천을 가능하게 합니다.

2.2.4. eBay의 지식그래프 기반 추천 시스템

전자상거래 플랫폼 eBay는 미국을 대표하는 오픈마켓 기업으로, 인터넷 경매와 온라인 쇼핑몰을 운영하며 전 세계에 맞춤형 웹사이트를 구축해 사업을 확장해왔습니다. 국내에서는 옥션과 G마켓을 인수해 운영한 바 있으며, 다양한 지역과 고객층을 대상으로 서비스를 제공하고 있습니다. 이처럼 광범위한 전자상거래 환경에서, eBay가 주목한 기술은 바로 제품 지식그래프입니다.

eBay는 이 기술을 활용해 제품과 개체(인물, 브랜드, 속성 등)의 관계를 구조화하여, 판매자와 구매자를 더 정확하고 정교하게 연결하고 있습니다. 예를 들어, '시카고 불스 농구 유니폼'이라고 검색했을 때, 마이클 조던의 친필 서명이 있는 유니폼은 전혀 다른 가치의 상품으로 인식됩니다. 지식그래프는 이런 미묘한 차이를 포착해 구체적인 제품 정보를 제공하고, 더 정확한 추천까지 이어지게 도와줍니다.

2.2.5. eBay의 지식그래프 주요 기능

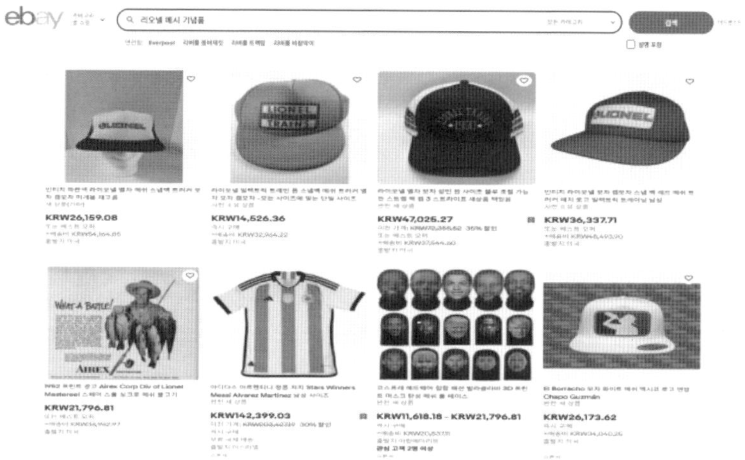

[eBay 검색 예시]

- **상품 식별**

  일반 농구 유니폼과 마이클 조던의 서명이 있는 유니폼은 외형은 같아도 의미는 완전히 다릅니다. 지식그래프는 이러한 제품의 고유한 속성과 가치를 식별하여, 사용자에게 더욱 정확한 정보를 제공합니다.

- **제품 간의 관계 이해**

  사용자가 리오넬 메시의 기념품을 검색하면, 지식그래프는 메시가 FC 바르셀로나에서 뛰었다는 사실을 인식하고, 같은 팀의 다른 선수 관련 상품까지 제안할 수 있습니다. 이러한 연계는 스포츠뿐 아니라, 음악, 영화, 역사, 문학 등 다양한 분야로 확장할 수 있습니다.

- **제품의 다양한 변형 인식**

  아이폰과 아이폰 케이스는 서로 다른 제품이며, 특정 모델에만 호환되기도 합니다. 지식그래프는 제품의 크기, 용량, 색상, 제조사 등의 세부 속성까지 인식하고 관리합니다.

- **상호 연관된 제품 관리**

  세트 제품, 번들 상품, 키트 구성품, 패션 코디 아이템 등 서로 관련된 제품도 함께 인식하고 추천할 수 있습니다. 특정 원피스를 구매한 고객에게 어울리는 가방이나 신발을 자동 추천할 수 있습니다.

2.2.6. Facebook 지식그래프 기반의 소셜 네트워크

다들 Facebook을 사용해본 경험이 있나요? 전 세계 수십억 명이 사용하는 Facebook은 우리가 잘 아는 대표적인 소셜 네트워크 서비스(SNS)입니다. 2004년, 하버드 대학교 학생이었던 마크 저커버그가 만든 작은 학교 네트워크에서 시작된 이 플랫폼은, 2006년 일반 사용자에게 개방되면서 빠르게 성장했고, 2009년 스마트폰의 대중화와 함께 폭발적인 인기를 끌게 되었습니다. 현재 Facebook은 전 세계적으로 30억 명이 넘는 사용자를 보유하고 있으며, '친구 맺기', '좋아요', '공유'와 같은 기능을 통해 사람과 사람, 사람과 정보, 관심사와 커뮤니티를 연결하는 플랫폼으로 자리 잡았습니다.

이처럼 Facebook이 꾸준히 사랑받는 비결은 단순한 연결을 넘어, 사용자의 관심사와 취향을 더 깊이 이해하는 기술에 있습니다.

2.2.7. Facebook 지식그래프 주요 기능

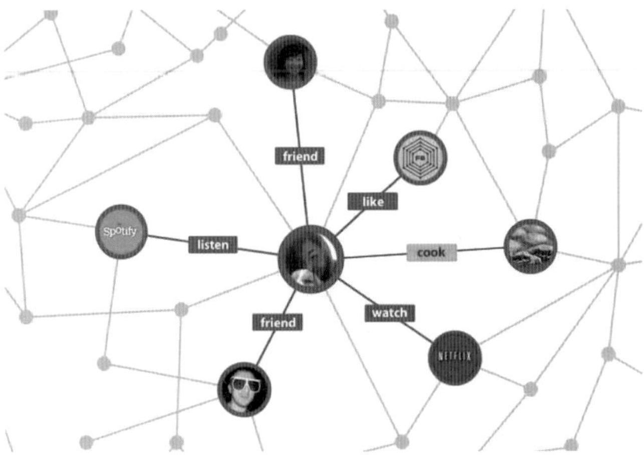

[Facebook 소셜네트워크[15]]

15) Facebook Open Graph Source, https://developers.facebook.com/docs/opengraph/

- **소셜 그래프**

  Facebook은 사용자의 친구 관계, 좋아요, 댓글, 공유 등 다양한 상호작용을 분석하여 세계 최대 규모의 소셜 그래프를 구축했습니다. 이 그래프는 사람 간의 관계뿐만 아니라, 음악, 영화, 유명인, 장소 등 다양한 엔티티 간의 연관성까지 담고 있습니다.

- **Messenger**

  예를 들어 친구와 Facebook Messenger로 "이번 주말 영화 볼래?"라고 대화를 나누면, 페이스북은 지식그래프를 활용해 근처 상영관, 현재 상영 중인 영화, 리뷰 등을 추천할 수 있습니다.

- **Page Ecosystem**

  Facebook은 사용자가 좋아요를 누른 페이지, 그룹, 팔로우 등을 분석해 Page Ecosystem이라는 지식그래프를 구축합니다. 이 구조는 사용자 개개인의 관심사를 정리하고, 유사한 관심사를 가진 사용자와 콘텐츠를 연결하는 데 활용됩니다.

지금까지 살펴본 바와 같이 Amazon, eBay와 같은 전자상거래 기업은 지식그래프를 활용해 제품 간 관계와 속성을 정교하게 구조화하고, 사용자 맥락에 최적화된 추천 시스템을 구현하고 있습니다. 또한 Facebook과 같은 소셜네트워크 기업은 개인의 관심사와 주변 관계를 분석하여 콘텐츠 및 친구 추천에 활용하고 있죠.

그렇다면 전자상거래가 아닌 산업, 특히 금융 분야에서는 지식그래프 기반 추천이 어떻게 활용될 수 있을까요? 대표적인 사례로 핀테크 기업 Lenddo에 대해 살펴보겠습니다.

2.2.8. Lenddo의 신용평가 및 금융 추천 시스템

Lenddo는 전통적인 신용 기록이 부족한 고객을 대상으로 대출 서비스를 제공하기 위해, 소셜 네트워크 기반 지식그래프를 구축하고 이를 신용평가 및 상품 추천에 접목시킨 혁신적인 핀테크 기업입니다. 일반적으로 금융기관은 신용카드 사용 이력, 대출 상환 기록 등 기존 금융 데이터를 기반으로 신용등급을 산정합니다. 하지만 저소득 국가나 신흥시장에는 이러한 기록이 아예 존재하지 않는 '언뱅크드' 고객이 많아, 새로운 평가 방식이 요구됩니다. Lenddo는 이들을 위한 대안으로 소셜미디어 활동과 모바일 사용 데이터를 기반으로 한 지식그래프형 신뢰도 점수인 LenddoScore를 개발했습니다.

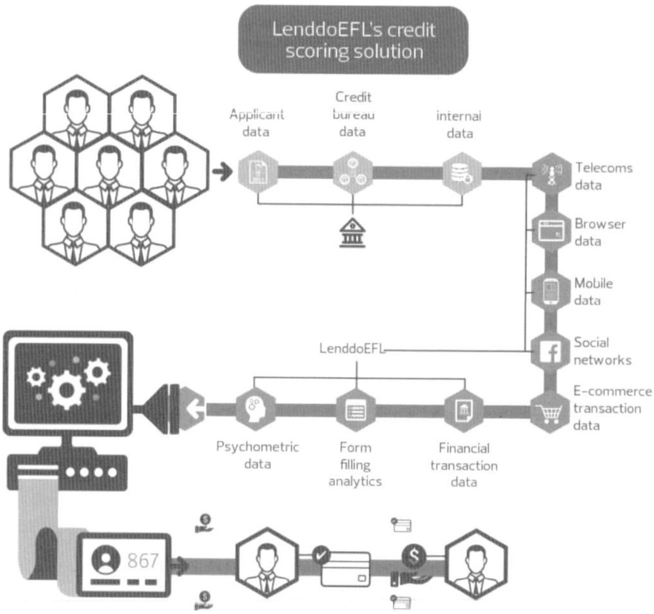

[Lenddo 추천시스템[16]]

Lenddo는 지식그래프를 통해 고객의 연결망, 행동 데이터, 신뢰 네트워크를 통합 분석하고, 이를 바탕으로 기존 금융 시장에서 소외되었던 고객에게도 신용 기반 서비스를 제공할 수 있는 모델을 제시했습니다. 예를 들어, 한 사용자가 페이스북을 5년 이상 사용하고, 특정 지인들과 빈번히 메시지를 주고받으며 금융 관련 콘텐츠에 자주 반응했다면, 해당 사용자를 중심으로 신뢰 기반의 하

16) architecture HBS Digital Initiative, include1billion-Financial Inclusion by Data Analytics, https://d3.harvard.edu/platform-digit/submission/include1billion-financial-inclusion-by-data-analytics/

위 네트워크가 형성됩니다. 이 하위 네트워크는 곧 신용 분석의 주요 단서로 활용될 수 있습니다.

2.2.9. Lenddo의 신용평가 및 금융 추천 시스템 구조

- **LenddoScore 생성**
  SNS 활동, 친구 네트워크, 관심사, 앱 사용 데이터 등을 통합 분석하여 0~1000점의 신용점수를 산출합니다.
- **신뢰 네트워크 구성**
  차입자가 등록한 최소 3인의 지인과도 그래프를 구성하고, 대출자가 연체할 경우 해당 지인들의 신용점수도 일부 하락하여 사회적 상환 압력을 형성합니다.
- **대출 위험 예측**
  지식그래프 상에서 탐색된 네트워크 연결 강도, 상호작용 빈도, 콘텐츠 관심사 등을 머신러닝 모델과 함께 분석하여 대출 상환 가능성을 예측합니다.
- **개인화 추천**
  고객의 소셜 프로필과 과거 상환 데이터 등을 기반으로, 신용카드, 소액대출, 보험 상품등 맞춤형 금융 상품을 추천합니다.
- **클라우드 기반 API 제공**
  자체 서비스뿐 아니라 외부 금융기관에도 API 형태로 엔진을 개방해 대안 신용평가 및 추천 시스템으로 활용할 수 있도록 지원합니다.

Lenddo는 지식그래프를 활용한 신용평가 및 금융 추천 시스템을 통해 다음과 같은 성과를 기록하였습니다[17].

- **예측력 향상**
  LenddoScore의 지니계수는 0.32~0.39로, 기존 전통 점수(0.25~0.32)보

17) HBS Digital Initiative, It's all about who you know: Lenddo makes credit decisions based on your social network

다 더 높은 예측 정확도를 기록했습니다.

- **연체율 감소**

  필리핀, 콜롬비아 등지에서 시행된 실제 대출에서는 업계 평균보다 낮은 연체율을 보여, 소셜 기반 신용지표의 신뢰성과 실효성을 입증했습니다.

- **서비스 확장성 확보**

  Lenddo는 이후 자체 대출사업보다, 기술 플랫폼 제공으로 방향을 전환하였습니다. 현재 15개국 이상의 금융기관이 이 API를 통해 고객 동의 하에 SNS 데이터를 수집·분석하고 있으며, 매달 수만 건의 대출 신청 평가에 활용되고 있습니다.

지식그래프는 고객과 기업을 연결하는 새로운 신뢰의 언어가 되었으며, Lenddo는 이를 금융 서비스에 정교하게 녹여낸 선도적인 예입니다.

지금까지 살펴본 Amazon, eBay, Facebook 등의 사례를 통해서도 알 수 있듯, 지식그래프는 단순한 기술을 넘어, 실제 비즈니스 현장에서 강력한 추천 성능과 사용자 경험 향상을 이끄는 핵심 엔진으로 기능하고 있습니다. 아래는 전통적인 추천 방식과 지식그래프 기반 추천 방식의 차이를 정리한 표입니다.

[지식그래프 기반 추천방식의 특징]

항목	전통적 추천	지식그래프 기반 추천
추천 근거	과거 사용자 행동 기반	개체 및 속성 간 의미 기반 연결
추천 방식	수치 중심 (유사도, 빈도)	의미 중심 (관계, 속성, 맥락)
설명 가능성	낮음	높음 (추천 이유 제시 가능)
콜드 스타트 문제	심각	속성 기반 탐색으로 부분 해결 가능
확장성	한정된 범위 내 추천	의미 연결을 통한 탐색 확장
마케팅 활용	제한적 개인화	정밀한 타겟팅 가능

무엇보다도 지식그래프는 기업이 보유한 제품 정보, 고객 특성, 구매 이력, 브랜드 가치 등의 도메인 지식을 하나의 구조화된 그래프로 통합함으로써, 추천 시스템을 단순한 기능적 도구가 아닌 전략적 자산으로 끌어올릴 수 있도록 돕습니다. 결론적으로, 기업은 지식그래프를 활용하여 자사 제품과 고객 속성

을 체계적으로 정리하고, 이를 바탕으로 고객의 니즈에 가장 적합한 서비스와 상품을 효과적으로 제안할 수 있는 지능형 추천 시스템을 구축할 수 있습니다.

그렇다면 추천 시스템을 넘어, 수백만 건의 보안 로그와 위협 징후 속에서 지식그래프는 어떤 역할을 할 수 있을까요? 지금부터는 지식그래프가 보안 및 사기 탐지 분야에서 어떻게 활용되고 있는지를 살펴보겠습니다.

2.3. Intuit: 보이지 않는 위험까지 관리하다

지식그래프는 검색 최적화나 제품 추천을 넘어, 최근에는 보안 위협 대응과 사기 탐지 분야에서도 핵심 기술로 부상하고 있습니다. 특히 방대한 로그 데이터와 복잡하게 얽힌 사건 간의 관계를 실시간으로 파악하고, 서로 은밀하게 연결된 이상 행위들을 추적하기 위해서는 '관계 중심'의 분석 도구가 필수적입니다. 지식그래프가 본격적으로 주목받기 이전까지, 보안 및 사기 탐지 분야에서는 다음과 같은 전통적인 방법들이 널리 활용되어 왔습니다.

- **규칙 기반 시스템**
  전문가가 정의한 규칙에 따라 이상 거래를 탐지하는 방식으로, 이미 알려진 사기 유형을 빠르게 식별할 수 있지만 신종 사기나 복잡한 연관 행위 탐지에는 한계가 있습니다.
- **통계적 이상 탐지**
  사용자 평소 거래 패턴을 기준으로 평균, 분산 등을 측정하고 이를 벗어나는 거래를 이상으로 간주하지만, 정상적인 변동도 오탐으로 처리될 가능성이 큽니다.
- **머신러닝 기반 탐지**
  지도학습 방식으로 사기 패턴을 학습해 예측 정확도를 높이지만, 설명 가능성이 낮고, 콜드 스타트 문제나 데이터 편향에 취약합니다.
- **네트워크 분석**
  거래 주체 간의 연결 관계를 시각화하여 조직적 사기를 파악하려는 시도로 유용하지만, 복잡한 구조 분석을 위한 계산 비용과 전문성이 많이 요구됩니다.

이러한 방식들은 대부분 '정적인 규칙'이나 '수치 기반 패턴'에 의존한다는 점에서 행위 간의 숨은 의미나 관계성, 시맨틱한 연결 구조를 포착하는 데에는 한계가 있었습니다.

전통적인 기법의 한계를 극복하기 위한 대안으로 지식그래프가 떠오르며, 사용자, 장치, IP, 거래, 시간, 위치 등의 다양한 요소들을 하나의 그래프 위에서 관계 중심으로 구조화할 수 있게 되었습니다. 이를 통해 조직적인 사기 네트워크 식별, 연쇄적인 이상 행위 추적, 위협의 전이 경로 분석, 탐지 결과에 대한 설명 가능성 등을 확보할 수 있게 되었습니다. 그렇다면, 지식그래프를 활용한 보안 및 사기탐지의 대표적인 사례들을 살펴보겠습니다.

2.3.1. Intuit 보안 지식 플랫폼

Intuit는 TurboTax[18]와 QuickBooks[19]로 잘 알려진 회계·세무 소프트웨어 기업으로, 전 세계 수억 명의 사용자가 해당 플랫폼을 통해 민감한 재무 데이터를 입력하고 있습니다. 이러한 환경에서, 사내 IT 인프라 전반에 걸쳐 발생하는 수억 건의 보안 이벤트와 로그를 효율적으로 모니터링하고, 보안 위협을 실시간으로 탐지하는 시스템 구축이 필수 과제로 떠올랐습니다.

기존에는 보안 로그를 단일 이벤트 단위로 분석했으나, 서로 다른 시스템 간의 관계성을 파악하기 어렵다는 한계가 존재하였습니다. 이에 Intuit는 Neo4j 기반의 지식그래프 보안 플랫폼을 도입하여, 사용자 계정, IP 주소, 디바이스, 접속 이력, 재무 거래 기록 등 보안 관련 엔티티 간의 관계 중심 분석으로 전환하였습니다.

18) 개인이나 소규모 사업자가 세금 신고를 쉽게 할 수 있도록 지원하는 세무 소프트웨어

19) 중소기업이나 프리랜서가 회계, 장부 관리, 인보이스 발행 등을 자동화할 수 있게 도와주는 회계 소프트웨어

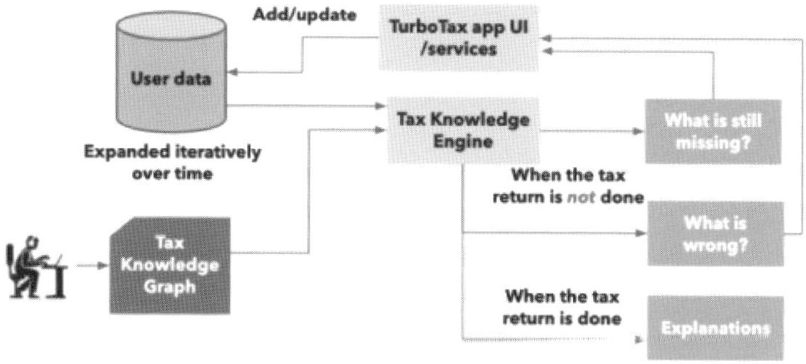

[Intuit 보안 지식 플랫폼 architecture[20]]

Intuit의 지식그래프는 크게 네 가지 핵심 기능을 중심으로 작동합니다. 첫째, 단순 키워드 매칭이나 이벤트 중심 탐지에서 벗어나, '누가-어디서-무엇을-언제'라는 연관 관계 기반의 탐지 방식을 통해 보다 정교한 위협 추적이 가능해졌습니다. 둘째, 과거 침해사고와 유사한 관계 패턴이 그래프 상에서 감지되면, 시스템은 이를 자동으로 인식하고 알림을 생성합니다. 셋째, 신규 데이터가 유입될 경우 즉시 그래프에 반영되어, 실시간으로 위협 패턴을 갱신하고 최신 상태를 유지합니다. 마지막으로, 이러한 복잡한 관계들은 그래프 기반 시각화 도구를 통해 직관적으로 표현되며, 이를 통해 분석의 정확도와 대응 속도를 크게 높일 수 있습니다. 이 보안 지식 플랫폼의 작동 방식은 다음과 같습니다[21].

2.3.2. Intuit 보안 지식 플랫폼의 시스템 작동 방식

- **로그 수집 및 실시간 삽입**

  다양한 소스에서 들어오는 로그인 기록, 접속 위치, 디바이스 정보 등을 수집하여 그래프에 연결합니다.

- **관계 기반 위협 탐지**

  특정 계정이 평소와 다른 IP나 디바이스로 접속했는지, 의심스러운 거래와

20) Jay Yu et al.(2020), Tax Knowledge Graph for a Smarter and More Personalized TurboTax

21) Neo4j, Intuit Safeguards the Data of 100 Million Customers with Neo4j, https://neo4j.com/customer-stories/intuit/

연계되는 계정은 없는지를 탐지합니다.

- **시각화 및 패턴 인식**
  보안팀은 Linkurious와 같은 시각화 툴을 통해 위협의 연결망을 탐색하며, 유사 사례와의 연결 여부를 분석합니다.

이러한 지식그래프 기반 보안 시스템의 도입은 Intuit의 보안 역량을 한층 강화하는 계기가 되었습니다. 과거에는 시스템 간 로그를 개별적으로 분석해야 했지만, 지식그래프를 통해 위협의 맥락을 통합적으로 파악할 수 있게 되었으며, 이는 보안 검색의 정확도와 대응 속도 모두를 비약적으로 향상시켰습니다. 현재 이 플랫폼은 Intuit의 1억 명 이상의 고객 데이터를 보호하는 핵심 인프라로 자리 잡고 있으며, 수많은 보안 경보 중에서도 실질적으로 대응이 필요한 위협을 빠르게 식별할 수 있는 기반이 되고 있습니다.

Intuit의 사례는 보안 시스템이 단순 이벤트 중심에서 벗어나 행위 간의 관계와 흐름을 중심으로 진화하고 있음을 보여주는 대표적인 사례입니다. 그렇다면, 보험 청구와 같이 훨씬 더 복잡한 관계망과 다양한 주체가 얽힌 사기 탐지의 영역에서는 지식그래프가 어떻게 활용될 수 있을까요?

2.3.3. Zurich Insurance의 보험금 청구 사기 탐지

Zurich Insurance는 스위스를 대표하는 글로벌 보험사로, 매년 50만 건이 넘는 보험 청구 건을 처리하고 있습니다. 이처럼 규모가 큰 보험사에서는 고의 사고나 허위 청구를 통한 조직적 보험사기가 반복적으로 발생하기 때문에, 복잡한 관계 기반의 정교한 분석 시스템이 필요합니다. Zurich보험은 기존의 룰 기반 탐지 시스템만으로는 의심 청구의 맥락을 충분히 파악하기 어렵다는 판단 아래, Neo4j 그래프 데이터베이스와 시각화 도구 Linkurious를 결합한 사기 탐지 지식그래프 시스템을 구축하였습니다. Zurich보험의 지식그래프 구조는 다음과 같습니다.

- **노드(Node)**
  고객, 청구 건, 보험 계약, 차량, 주소, 계좌, 병원 등
- **엣지(Edge)**
  '고객이 청구함', '청구 건과 차량이 연결됨', '고객과 계좌 공유', '같은 주소에 거주' 등

Zurich보험은 내부와 외부의 다양한 보험 관련 데이터를 수집하여, 약 2천만 개의 노드와 3천5백만 개의 엣지로 구성된 대규모 지식그래프를 만들었습니다. 이 그래프는 청구 건과 관련된 모든 요소를 하나의 구조 내에서 통합적으로 분석할 수 있게 합니다.

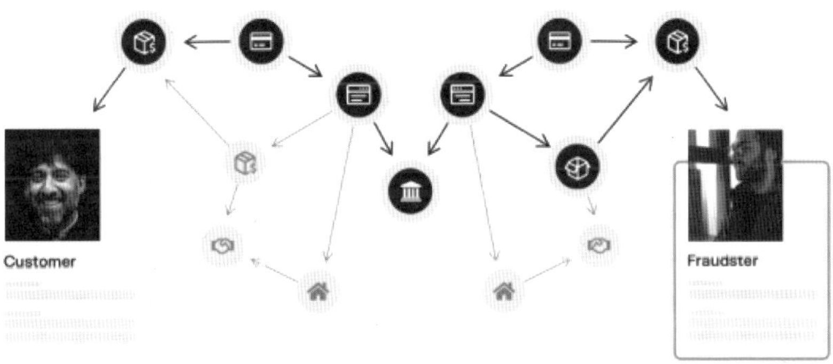

[Zurich 사기 탐지 예시[22]]

이 시스템의 가장 큰 특징은 사기 청구건들 간의 연결망을 통해 숨겨진 패턴을 식별할 수 있다는 점입니다. 예를 들어, 서로 다른 청구건이 동일한 차량, 주소, 계좌를 공유하는 경우 이를 자동으로 인식하여 사기 가능성이 높은 네트워크로 표시합니다. 특히 'Crash-for-Cash'와 같은 고의적 사고 연루 사례는 그래프 상에서 하위 네트워크 형태로 집중되며, 조사관들이 의심 패턴을 직관적으로 식별할 수 있도록 도와줍니다. 시각화 도구를 통해 복잡한 관계 구조를 직

22) Linkurious, https://linkurious.com/financial-crime-investigation-solution/

관적으로 파악할 수 있다는 점 또한 큰 장점입니다. Linkurious는 텍스트 기반 분석으로는 놓치기 쉬운 연결 정보를 그래프 형태로 표현해주며, 조사관이 빠르고 정확하게 조사를 진행할 수 있도록 지원합니다. 또한 브라질 등 해외 지사에서 포착된 사기 구조도 본사 시스템과 연결하여 전사적 차원의 패턴 분석과 확산 방지를 가능하게 합니다.

2.3.4. Zurich Insurance의 보험금 청구 사기 탐지 작동 방식

- **의심 알람 생성**
  기존 룰 기반 시스템이 특정 청구 건에 플래그를 부여합니다.
- **그래프 기반 맥락 분석**
  해당 청구건을 그래프 상에서 탐색하여, 동일 주소나 차량, 연관된 계좌 등을 연결 분석합니다.
- **시각화 탐색**
  Linkurious 툴로 시각화된 관계망을 통해 조사관은 사기 패턴을 직관적으로 파악할 수 있습니다.
- **지속적 갱신**
  새로운 청구나 거래 정보가 들어오면 그래프가 실시간으로 갱신되어 탐지력을 유지할 수 있습니다,

Zurich보험은 그래프 기반의 시스템을 도입한 이후 조사관 1인당 하루 평균 10건 이상의 의심 청구를 처리할 수 있게 되었고, 건별 검토 시간도 10분 이상 단축되어 연간 5만 시간 이상의 업무량을 절감했습니다. 무엇보다도, 사기 적발률이 기존 대비 3배 이상 증가하여 보험사기로 인한 손실을 크게 줄일 수 있었고, 이로 인해 정직한 고객들의 보험료 인상을 억제하는 부수적인 효과도 얻게 되었습니다[23].

---

23) Linkurious, Zurich Insurance reduces fraud case triage time an average of 30% with Linkurious Enterprise, https://linkurious.com/blog/zurich-insurance-claims-fraud-prevention/

이처럼 Zurich Insurance의 사례는 지식그래프가 단순한 데이터 검색이나 추천을 넘어, 실제 현업에서 고도화된 위험 탐지와 조사 효율화의 핵심 기술로 작동하고 있음을 보여줍니다. 지식그래프는 복잡한 사건과 관계를 시각적으로 연결해 분석함으로써, 이제 보안과 금융을 넘어 행위 기반 리스크 탐지의 표준 언어로 자리매김하고 있습니다.

지금까지 다양한 사례를 통해 지식그래프는 단순히 데이터를 모으는 것이 아니라, 데이터를 '연결'하고 '이해'하는 방식 자체를 혁신한다는 것을 배웠습니다. 이를 통해 다양한 위협 요소 간의 관계를 구조화하고, 숨은 패턴을 탐색하며, 빠르고 정확한 대응을 실현할 수 있습니다. 이는 향후 단순한 탐지 기술을 넘어, 기업의 보안 전략과 사기 대응 체계를 고도화하는 기업의 핵심 자산으로 작용할 수 있습니다.

그렇다면 실제 기업에서는 지식그래프를 어떻게 핵심 자산으로 활용할 수 있을까요?

2.4. 팔란티어: 산재된 지식을 전략으로

지식그래프를 기업의 실질적인 전략 자산으로 만들기 위해서는, 단순히 데이터를 수집하고 저장하는 것을 넘어, 그 데이터를 구조화하고 연결하여 의미를 부여하는 시스템이 필요합니다. 즉, 조직 내에 산재한 데이터를 하나의 구조 속에서 통합하고, 이를 다양한 방식으로 활용할 수 있게 만드는 전략 정보 시스템이 핵심입니다.

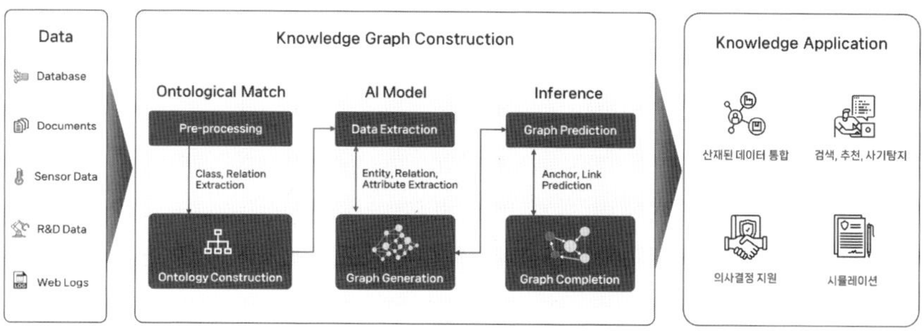

[지식그래프 기반 전략 정보 시스템]

위의 그림과 함께 지식그래프 기반 전략 시스템이 어떻게 작동하는지 살펴보겠습니다.

① **데이터 수집**

- 기업이 보유하고 있는 데이터베이스, 문서, 센서 로그, R&D 자료, 웹 로그 등의 데이터 소스를 수집합니다.

② **온톨로지 정렬**

- 온톨로지를 통해 수집된 데이터를 구조화하고 분류하는 작업을 수행할 수 있습니다.

③ **정보 추출**

- 정리된 데이터를 기반으로 AI 모델이 데이터에서 중요한 정보들을 자동으로 추출하여, 그래프를 생성합니다.

④ **그래프 완성 및 추론**

- 생성된 그래프에 대한 잠재적 개체와 관계를 예측하여 완전 그래프를 구현합니다.

⑤ **활용**

- 완성된 그래프를 통해 다양한 지능형 서비스로 활용합니다.

그래프 기반의 정보시스템은 단순한 데이터 분석이 아니라, 지속적인 데이터 관리 체계를 만드는 것을 목표로 합니다. 즉, 데이터를 '존재하는 것'에서 그치는 것이 아닌, 기업 전략 수립과 의사결정의 기반이 되는 자산으로 전환하는 것입니다. 이처럼 지식그래프는 기업의 다양한 정보 자산을 하나의 의미 있는 연결 구조로 통합해, 전략적 통찰을 제공하는 핵심 시스템으로 진화하고 있습니다.

2.4.1. 지식그래프 기반의 전략 시스템 사례

실제, 지식그래프 기반 전략 시스템을 구현하고 있는 대표적인 기업이 바로 팔란티어(Palantir)입니다. 요즘 기술 업계에서 가장 많이 언급되는 이름 중 하나인 팔란티어는, 단순히 데이터를 '많이 보유'한 기업이 아니라, 데이터를 구조화하고 통찰로 연결하는 방식 자체를 혁신한 기업으로 주목받고 있습니다. 실제로 2024년 AI 산업의 급성장 흐름 속에서, 팔란티어의 주가는 연초 대비 300% 이상 급등하며 시장의 관심을 집중시켰습니다. 이는 같은 해 높은 상승률을 기록한 엔비디아(180%), 테슬라(34%)보다도 훨씬 높은 수치입니다.

그렇다면, 왜 지금 팔란티어가 그토록 주목받고 있는 걸까요?

핵심은 이 기업이 온톨로지와 지식그래프 기반의 데이터 플랫폼을 통해, 실시간 통찰을 제공하는 전략 시스템을 갖추고 있다는 데 있습니다. 많은 기업들이 데이터를 수집하고 저장하지만, 이를 실시간 의사결정에 연결하기 위한 구조를 갖춘 기업은 드뭅니다. 팔란티어는 이 과정을 온톨로지 중심의 프레임워크로 설계하였습니다.

그리고 데이터를 다루기에 앞서, 데이터 간 의미 있는 구조와 속성을 정의하는 데 집중합니다. 데이터를 무작정 쌓는 것이 아니라, 데이터가 어떤 개체에 속하고, 어떤 속성을 가지며, 어떤 관계를 형성하는지를 먼저 정의한 뒤, 이를 일관된 구조로 통합합니다. 이처럼 팔란티어는 데이터가 흐르는 청사진을 먼저 설계하고, 그 위에 데이터를 올리는 방식으로 문제를 해결합니다[24].

2.4.2. 팔란티어의 의사결정 시스템 핵심 구성 요소

그렇다면 팔란티어는 실제로 어떻게 온톨로지를 통해 데이터를 구조화하고, 지식그래프를 활용해 기업의 전략적 의사결정을 구현하고 있을까요? 다음은 팔란티어의 의사결정 시스템을 구성하는 핵심 요소들입니다.

24) 나무위키, 팔란티어 테크놀로지스, https://namu.wiki/w/팔란티어%20테크롤로지

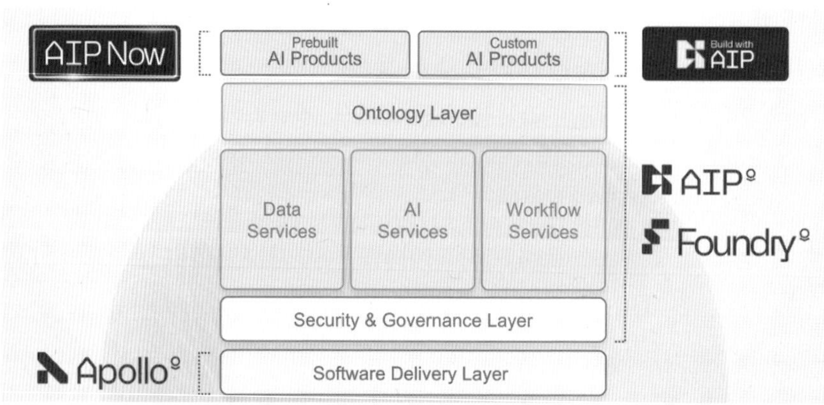

[팔란티어의 의사결정 시스템]

- **고담(Gotham)**

  고담은 정부와 군을 위한 작전/첩보 플랫폼입니다. 다양한 센서, 통신기기, 정보원으로부터 들어오는 데이터를 구조화한 후, 테러범의 위치, 인신매매 경로, 금융 사기의 네트워크를 실시간으로 시각화하고 추론할 수 있도록 도와줍니다. 실제로 넵튠 스피어 작전이나 러시아-우크라이나 전쟁 등에서 관계 기반 정보 통합과 빠른 판단 지원 도구로 활용된 바 있습니다.

- **파운드리(Foundry)**

  '파운드리'는 기업용 데이터 통합 플랫폼으로, 부서 간 단절되어 있던 재무, 인사, 물류, 재고 데이터를 하나의 온톨로지 프레임워크에 연결해줍니다. 이로써 데이터 중복 없이 협업이 가능해지고, 사내 비리나 지연 이슈도 그래프 구조를 통해 빠르게 파악됩니다.

- **아폴로(Apollo)**

  '아폴로'는 팔란티어의 다른 플랫폼(고담, 파운드리 등)을 자동으로 업데이트하고 유지하는 SaaS 기반 플랫폼으로, 다양한 환경에서도 온톨로지 기반 시스템이 끊기지 않고 작동하도록 지원합니다.

- **AIP(AI Platform)**

  'AIP'는 LLM과 기업 내부 데이터를 연결할 수 있는 플랫폼입니다. 지식그래프 위에 자연어 인터페이스를 얹어, 사용자가 "이 지점의 매출 하락 원인을 분석해줘" 같은 문장을 입력하면, LLM이 온톨로지 기반 지식그래프를 활용해 정확한 분석을 도출할 수 있습니다.

팔란티어의 사례를 통해 우리는 데이터는 수집에서 그치는 것이 아닌, 구조화를 통해 산재된 데이터를 연결해야만 비로소 의미 있는 자산이 된다는 것을 볼 수 있었습니다.

물론, 팔란티어처럼 특수 목적의 고도화된 시스템을 모든 조직이 그대로 도입할 필요는 없습니다. 중요한 것은 자신의 산업과 조직 특성에 맞는 온톨로지와 지식그래프를 설계하고, 이를 기반으로 한 전략 정보 시스템을 구축해 나가는 것입니다. 예를 들어 유통 기업은 고객 여정과 상품 정보를 연결해 맞춤형 추천 시스템을 만들 수 있고, 제조 기업은 센서 데이터와 유지보수 기록을 연결해 설비 고장 예측 모델을 구축할 수 있습니다.

앞으로의 데이터 경쟁은 '얼마나 많이 모았는가'가 아닌, '어떻게 구조화하고, 어떻게 연결시키는가'에 달려 있습니다. 이제는 지식을 연결하고 추론하며 전략으로 전환할 수 있는 지능형 데이터 시스템이 기업 경쟁력의 핵심이 되고 있습니다.

2.5. 지식그래프: 기업의 비밀 병기

지식그래프는 다양한 산업에서 정보 통합과 추론, 그리고 고도화된 분석을 가능하게 하는 기술로 주목받고 있습니다. 그러나 기술적인 강점만으로는 그 효용성을 쉽게 체감하기 어렵습니다. 실제로 조직이 지식그래프를 도입했을 때 얼마나 큰 변화가 있었는지, 비용을 얼마나 줄였는지, 업무 효율이 얼마나 향상되었는지를 보여주는 구체적인 사례와 수치 기반의 ROI 분석이 더욱 설득력을 가질 수 있습니다.

이러한 관점에서 지식그래프를 실제로 도입해 성과를 얻은 글로벌 기업들의 사례를 산업군별로 정리하였습니다. 각 기업이 어떤 방식으로 지식그래프를 활용하였는지, 그리고 그것이 어떤 경영적 효과를 가져왔는지를 구체적으로 살펴보겠습니다. 지식그래프 활용 기회와 예상 ROI를 다음 표와 같이 정리하였습니다.

[지식그래프 활용기회와 예상 ROI]

프로세스	유즈 케이스	기대 ROI	비고
1. 인바운드 물류	- 공급업체, 부품 간 관계 지식그래프 구축 - 공급망 리스크 분석 및 대체 경로 파악	중간	공급 리스크 조기 예측 가능
2. 운영 (제조 등)	- 설비 간 연결 관계, 고장 이력 지식그래프 - 품질 이상 징후 탐지, 작업자-설비-공정 연결 분석	높음	OEE(설비종합효율) 향상
3. 아웃바운드 물류	- 운송업체, 경로, 고객사 간 관계 매핑 - 배송 최적화 및 예외관리 자동화	중간	예측 기반 물류계획 가능
4. 마케팅 및 판매	- 고객, 제품/서비스, 캠페인 간 지식그래프 - 고객 관심사 기반 추천, 세분화	높음	전환율 증가, 마케팅 비용 절감
5. 서비스 (A/S 등)	- 고객 불만, 기술문서, FAQ 간 연결 - 지능형 고객지원 챗봇 및 문제 예측	중간~ 높음	고객 만족도 및 충성도 향상
6. 인프라 (전사IT)	- 전사 시스템, 데이터 간 관계 시각화 - 데이터 거버넌스, IT자산 관리	중간	통합 데이터 전략 수립 가능
7. HR (인사관리)	- 구성원 역량, 프로젝트, 성과 관계 분석 - 인재추천, 조직 네트워크 분석	중간	이직 방지 및 팀 역량 최적화
8. 기술 개발 (R&D)	- 논문, 특허, 기술 트렌드 간 연결 - 아이디어 발굴 및 경쟁사 기술 맵 분석	높음	R&D 전략 수립 효율화
9. 조달	- 공급사, 품목, 계약조건 간 관계 매핑 - 리스크 기반 조달전략 수립	중간	비용 절감 및 공급 안정화

다음은 여러 기업들에서 각 프로세스에 지식그래프를 활용하여 효과를 거둔 사례들입니다.

① 운영(제조)

- **Airbus(항공기 제조)**

  방대한 엔지니어링·제조 데이터를 통합한 지식그래프 기반 AI 플랫폼 'AIRKOG'를 도입하여, 새로운 부품 도입 프로세스 최적화, 옵션 원가 절감 등 운영 전반에서 연간 수백만 유로의 비용을 절감했습니다. 그 결과 운영 비용이 20~30% 감소하고 분석 리드타임이 30~75% 단축되는 성과를 거두었습니다[25].

- **Ford(자동차 제조)**

  제조 현장의 장비 성능과 부품 데이터를 그래프 DB로 연결해 설비 고장을 예측하는 시스템을 구축했습니다. 이를 통해 부품 고장 예측 정확도를 90% 향상시키며 생산라인 가동 중단을 예방해 큰 비용 절감 효과를 보았습니다[26].

- **Siemens(에너지 설비 제조)**

  발전 터빈 센서 데이터를 지식그래프로 통합하여 장비 상태를 모니터링한 결과, 예방정비를 통해 다운타임을 최대 30%까지 감소시켰습니다[27].

② 마케팅/판매

- **Capital One(금융 – 마케팅)**

  고객 거래내역, 인구통계, 웹 활동 데이터를 지식그래프로 연계하여 개인화 마케팅을 강화했습니다. 그 결과 고객 만족도가 15% 높아지고 교차판매 효율이 20% 개선되어 고객 참여도와 매출이 향상되었습니다[28].

- **Zalando(이커머스)**

  고객의 클릭스트림, 거래 이력 등을 하나의 패션 지식그래프로 구축하여 개인화 추천에 활용했습니다[29]. 이를 통해 고객 참여도가 증가하고 매출이 눈에 띄게 상승하는 효과를 거두었으며, 각 개인별 선호에 맞춘 제품 추천

---

25) businesswire, Airbus and Maana Announce AIRKOG, a New Digital Knowledge Platform for Agile Innovation in Commercial Aircraft Industry

26) Infosys, USING KNOWLEDGE GRAPHS FOR SMART SUPPLY CHAIN OPERATIONS-Ford

27) Infosys, USING KNOWLEDGE GRAPHS FOR SMART SUPPLY CHAIN OPERATIONS-Siemens

28) Theodorakopoulos, L. et al(2024), A state-of-the-art review in big data management engineering: Real-life case studies, challenges, and future research directions.Eng,5(3), 1266-1297.

29) Knowledge graph ops, Case studies of successful knowledge graph deployments in various industries

정확도 향상이 주요 요인으로 작용했습니다[30].

③ R&D(연구개발)

- **Novartis(제약 R&D)**

  내부 연구 데이터와 외부 논문·특허 정보를 그래프 데이터베이스로 연결하여 신약 후보 물질 간 숨겨진 관계를 발굴하고 있습니다. 이를 통해 유전자-질병-화합물 간 관계를 분석함으로써 신약 개발을 가속화하고 있으며, 방대한 바이오 지식을 구조화해 연구 인사이트를 자동으로 추론해내는 점이 연구의 핵심이라고 할 수 있습니다[31].

- **Roche(제약 R&D)**

  수백만 개의 임상시험 데이터 포인트와 논문 정보를 지식그래프로 통합하여 연구자가 탐색할 수 있는 플랫폼을 구축했습니다. 그 결과 다양한 데이터 소스 간 관계를 한눈에 파악함으로써 신규 표적 발굴, 임상 실현 가능성 평가 등의 생산성이 크게 향상되고, 부서 간 공통 데이터 언어를 제공해 사일로를 해소했습니다[32].

- **Merck KGaA(과학기술 기업 R&D)**

  논문, 특허, 화합물 DB 등을 연결한 지식그래프를 도입하여 신규 약물 표적을 발견하고 기존 약물의 재용도를 식별하는 등 R&D 혁신을 이루었습니다[33].

④ 고객서비스

- **LinkedIn(글로벌 소셜 플랫폼 – 고객지원)**

  고객지원 팀의 FAQ, 티켓, 제품 정보를 그래프 + LLM 기반 RAG(Retrieval-

30) Slideshare, Building a Knowledge Graph at Zalando

31) CIO, "환각 줄이고 정확도 최대 78% 올려"… '지식그래프'로 AI 성능 높이는 기업들

32) Knowledge graph ops, Case studies of successful knowledge graph deployments in various industries(Roche)

33) Knowledge graph ops, Case studies of successful knowledge graph deployments in various industries(Merck KGaA)

Augmented Generation)으로 결합한 챗봇을 도입했습니다. 2024년 발표된 사례에 따르면 이 지식그래프 강화 AI로 고객 지원 답변의 정확도가 최대 78% 향상되었고, 도입 6개월 만에 지원팀의 이슈당 평균 해결 시간이 29% 단축되었습니다. 이는 맥락 정보가 풍부한 그래프를 통해 LLM의 환각을 줄이고 가장 적절한 답을 찾아주는 의미 기반 검색을 구현하였기 때문입니다[34].

⑤ 공급망/조달

- **Jaguar Land Rover(자동차 – 조달 네트워크)**

  부품 공급망의 복잡한 연계를 TigerGraph 지식그래프로 모델링하여 공급업체 정보를 분석하였습니다. 그 결과 공급망 리스크 지표를 실시간 모니터링함으로써 잠재적 공급업체 위험을 35% 감소시키는 성과를 얻었으며, 이는 다층 공급 네트워크 상에서 노드 간 관계를 가시화하고 위험 패턴을 조기 탐지한 것이 주요 성공 요인으로 볼 수 있습니다[35].

⑥ HR(인사)

- **ADP(HR 솔루션 기업)**

  전통적 계층 구조에서 팀 중심의 동적 조직 모델을 지원하기 위해 그래프DB(AWS Neptune)를 도입했습니다. 이를 통해 복잡한 인사 데이터 질의 성능을 높이고, 기존 여러 RDBMS 라이선스를 제거하여 인프라 비용을 절감했습니다. 그 결과 데이터베이스 라이선스 비용 절감에 따른 운영비용 감소, 개발 인력 생산성 향상 및 출시 기간 단축이라는 ROI를 달성할 수 있었습니다[36].

- **Daimler(자동차 – HR 내부분석)**

  Daimler는 Neo4j 그래프DB로 사내 인력 데이터를 연결하여 조직 구조를

34) CIO, "환각 줄이고 정확도 최대 78% 올려"… '지식그래프'로 AI 성능 높이는 기업들

35) Infosys, USING KNOWLEDGE GRAPHS FOR SMART SUPPLY CHAIN OPERATIONS-Jaguar Land Rover

36) AWS, ADP Uses Amazon Neptune to Model the Agile Modern Workplaco

시각화하고 인재 연결성을 분석하였습다. 특히 Leadership 2020프로그램의 일환으로 계층 조직과 프로젝트 중심 매트릭스 조직 정보를 통합한 HR 지식그래프를 구축, 직원 간 숨어있는 협업 관계를 파악함으로써 인력 운영 효율을 높였습니다. 이러한 조직 지식그래프는 적재적소에 인재를 배치하고 중복업무를 줄이는 등의 의사결정을 지원하여 간접적인 비용 절감 효과를 거두었습니다[37].

⑦ IT 인프라

- **Siemens Energy(에너지 설비 – IT운영)**

  대형 가스터빈 수천 대의 운영 데이터를 관리하기 위해 지식그래프 기반 자산관리 애플리케이션을 구축했습니다. AWS Neptune 그래프DB와 metaphactory 플랫폼을 활용하여 단 6개월 만에 사용자용 자산 관리 앱을 개발하고, 매년 수작업 1,500시간을 절감함과 동시에 사용자 만족도를 높일 수 있었습니다[38].

- **Nokia(통신 – 네트워크 인프라)**

  통신망 구성요소와 용량 데이터를 지식그래프화한 Nokia Unified Inventory를 도입하여 네트워크 운영을 지능화하였습니다. 그래프 DB 상에 장비, 링크, 트래픽 정보를 연계함으로써 AI 기반의 용량 관리, 망 구성 시뮬레이션, 장애 영향 예측이 가능해졌습니다[39].

⑧ 물류

- **Walmart(유통 – 물류최적화)**

  세계 최대 리테일 기업 Walmart는 방대한 공급망 데이터를 그래프와 실시간 분석으로 연계하여 재고 및 물류 운영을 최적화하였습니다. 그 결과 품절 발생을 10% 줄이고 재고 회전율을 15% 개선함으로써 물류 비용을 절

---

37) AWS, How Daimler is using graph database technology in HR

38) AWS, Siemens Energy, metaphactory 지식그래프를 사용하여 애플리케이션 개발 가속화

39) Infosys, USING KNOWLEDGE GRAPHS FOR SMART SUPPLY CHAIN OPERATIONS-Nokia

감하고 운영 효율을 높일 수 있었습니다[40].

이처럼 제조, 물류, 마케팅, R&D, 고객 서비스 등 거의 모든 산업 영역에서 지식그래프는 가시적인 ROI를 창출하고 있습니다. 단순한 데이터 분석 도구를 넘어, 의사결정의 기반, 운영 최적화의 열쇠, AI 응답 품질의 향상 도구로서의 역할을 수행하고 있다는 점이 실증적으로 증명되고 있습니다.

더불어, 많은 기업이 지식그래프와 LLM의 결합, 벡터 DB와의 하이브리드 시스템, 자동화된 온톨로지 구축등을 통해 도입 장벽을 낮추고 있습니다. 이제 지식그래프는 복잡한 대기업만의 전유물이 아닌, 모든 조직이 경쟁력을 확보하기 위한 필수적인 기술 인프라로 자리매김하고 있습니다.

2.6. 지식경영을 위한 지식그래프

2.6.1. 지식경영(knowledge management)

앞에서 우리는 다양한 사례를 통해 지식그래프가 검색, 추천, 의사결정 지원 등 여러 영역에서 어떻게 활용되고 있는지를 살펴보았습니다. 이제 중요한 질문 하나를 던져야 할 시점입니다.

지식그래프는 도대체 어디서부터 시작해야 할까요? 실제 많은 조직들이 지식그래프의 가능성에는 공감하고 있지만, 막상 구축 단계에 들어가면 막막함을 느낍니다. 온톨로지를 구성하고 데이터를 연결하는 방법은 배웠지만, 정작 '연결할 지식'이 정리되어 있지 않다는 근본적인 문제에 직면하는 것이죠.

지식그래프는 단순히 데이터를 시각화하거나 연결선만 그리는 기술이 아닙니다. 조직 내부에 흩어져 있는 수많은 정보들을 의미 기반으로 구조화하고, AI가 그 맥락을 이해하고 활용할 수 있도록 만드는 지식 인프라입니다. 그러나 이

40) Theodorakopoulos, L. et al.(2024), A state-of-the-art review in big data management engineering: Real-life case studies, challenges, and future research directions.Eng,5(3), 1266-1297.

프레임워크가 작동하기 위해 가장 먼저 필요한 것은 바로 '정리된 지식', 그리고 그 지식을 연결할 수 있는 설계도입니다.

결국, 디지털 전환 시대의 경쟁력을 확보하려는 조직에게 진짜 필요한 것은 기술이 아니라, 지식을 구조화하고 연결하는 방식에 대한 고민입니다. 이것이 바로 오늘날 지식경영이 다시 주목받는 이유입니다.

2.6.2. 조직의 자산 '지식'

많은 기업은 방대한 데이터를 보유하고 있습니다. 하지만 "당신의 기업이 데이터를 '지식'으로 관리하고 있습니까?"라는 질문에는 선뜻 고개를 끄덕이기 어려운 경우가 많습니다. 보고서, 회의록, 기획안, 설비 이력 등의 다양한 데이터가 기업 곳곳에 쌓여 있지만, 대부분은 서로 연결되지 않은 채 흩어져 있으며, 시간이 지나면 파일명조차 잊힌 채 누군가의 하드디스크 속에 묻히는 경우도 빈번하게 발생하고 있습니다. 이처럼 중요한 정보들이 조직의 자산으로 전환되지 못하고 사라지고 있는 것입니다. 그렇다면 조직이 가진 '지식'은 어떻게 구성되어 있을까요?

일반적으로 지식은 형식지와 암묵지 두 가지로 구분됩니다.

- **형식지(Explicit Knowledge)**
  문서화·디지털화가 가능한 메뉴얼, 정책 문서, 보고서 등과 같은 구조화된 지식을 뜻합니다.
- **암묵지(Tacit Knowledge)**
  말이나 글로 쉽게 표현되지 않는 숙련자의 노하우, 문제 해결 방식 등 개인의 경험과 직관에 내재된 지식을 의미합니다.

지금까지 대부분의 기업에서는 형식지를 중심으로 정보 시스템을 구축해 왔습니다. 하지만 실제로 조직의 경쟁력을 결정짓는 지식은, 종종 문서로는 담기지 않는 암묵지에서 비롯됩니다. 그리고 형식지와 암묵지 사이에는 놓치기 쉬운 또 하나의 지식 형태가 존재합니다. 바로, 암묵지가 외부로 드러나는 '표출 과정'에서 생성되는 정보입니다. 예를 들어 회의 도중의 발언, 업무 메일, 메모, 인터뷰 기록, 실무 일지 같은 것들이 표출 과정에서 생성되는 정보입니다. 이러한 정보들은 완전히 구조화된 문서는 아니지만, 조직 내 지식이 실제로 흐르고 축적되는 중요한 흔적이라 할 수 있습니다. 하지만 현실에서는 이러한 데이터들이 정리되지 않은 채 방치되기 쉽습니다.

문제는 기존의 지식들이 '형식화되지 않아서'가 아니라, 이들을 연결할 수 있는 구조나 체계가 없기 때문입니다. 여기서 중요한 점은, 암묵지를 모두 형식지로 전환할 필요도 없다는 것입니다. 굳이 완벽하게 정제되지 않았더라도, 표출 과정에서 남긴 다양한 데이터인 회의 내용, 업무 커뮤니케이션, 현장 기록 등의 자체가 충분히 의미 있는 정보가 될 수 있습니다.

즉, 지식그래프는 단지 문서화된 형식지만을 연결하는 것이 아니라, 암묵지의 표출 흔적들까지 포함해 조직의 다양한 지식 요소들을 하나의 구조로 통합할 수 있는 기반을 제공할 수 있습니다.

2.6.3. 지식그래프의 출발점은 '정리된 지식'

그렇다면 지식그래프는 어떻게 다양한 지식을 하나의 구조로 통합할 수 있을까요?

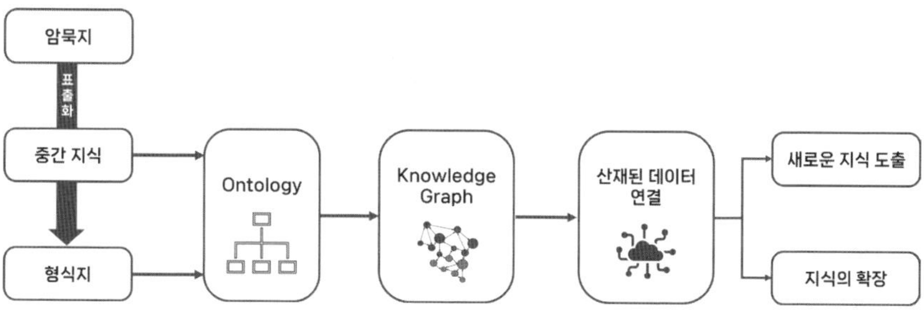

[기업의 지식 전환 과정]

위의 그림은 지식 전환 과정인 '암묵지 → 중간지식 → 형식지'가 연결되는 과정을 보여주고 있습니다. 각 단계의 지식이 온톨로지와 지식그래프를 통해 정리되고 구조화될 때, 비로소 조직은 흩어진 데이터를 전략적 자산으로 활용할 수 있게 됩니다.

이를 통해 향후 AI 모델 개발, 생성형 AI 연계, 실시간 의사결정 자동화 등 고도화된 기술과의 통합에서도 지식그래프가 제대로 작동하고, 신뢰할 수 있는 기반이 될 수 있습니다. 반대로, 다양한 정보를 활용하지 않고 지식그래프를 구축하게 된다면, AI의 판단력과 설명력에도 부정적인 영향을 미치게 될 것입니다.

이제 지식그래프는 단순한 기술을 넘어 조직의 지식을 연결하고, 해석 가능하게 하며, 경쟁력을 창출하는 전략의 핵심이 되고 있습니다. 암묵지, 중간지식, 형식지 등 다양한 지식이 구조화되고 연결될 수 있는 기반을 만드는 것, 그것이 지식경영의 출발점이며, 디지털 전환 시대에 조직이 우선적으로 고민해야 할 방향입니다.

3

온톨로지: 지식그래프의 청사진

3 온톨로지: 지식그래프의 청사진

지식그래프의 개념과 가능성을 살펴봤다면, 이제는 그것을 실제로 만들기 위한 설계 단계로 들어갈 차례입니다. 그 첫걸음이 바로 온톨로지 설계입니다.

온톨로지 설계 및 스키마(schema) 정의는 지식그래프 구축 과정에서 매우 중요한 초기 단계입니다. 이는 지식그래프 내에 표현될 정보의 구조와 의미를 정의하는 과정으로, 구축될 지식그래프의 청사진 역할을 합니다. 지식그래프 구축 과정에서 온톨로지를 사용하는 목적은 다음과 같습니다.

- **의미 명확화**
  지식그래프에 포함될 개체의 유형, 개체가 가질 수 있는 속성, 그리고 개체들 간의 관계를 명확하게 정의하여 데이터의 의미를 부여합니다.
- **구조 정의**
  지식그래프의 전체적인 구조를 정의하여 데이터의 일관성을 보장합니다.
- **데이터 통합 촉진**
  다양한 데이터 소스에서 추출된 정보를 공통의 온톨로지에 매핑함으로써 데이터 통합과 상호운용성을 가능하게 합니다.

- **추론 기반 마련**

  온톨로지에 정의된 의미론적 관계(예: 하위 클래스 관계, 속성 특성)는 추론 엔진이 새로운 지식을 자동으로 발견하거나 데이터의 일관성을 검증하는 기반이 됩니다.

온톨로지 설계는 단순히 기술적인 스키마 정의 작업을 넘어서, 특정 도메인에 대한 깊이 있는 이해를 바탕으로 핵심 개념과 관계를 구조화하는 '개념적 모델링' 과정입니다. 잘 설계된 온톨로지는 지식그래프의 품질, 활용성, 확장성을 결정짓는 핵심 요소가 됩니다.

3.1. 온톨로지의 개념

온톨로지는 특정 분야에서 존재하는 사물과 사물 간의 관계 및 여러 개념을 컴퓨터가 처리할 수 있는 형태로 표현하는 것으로 정의됩니다[41]. 스탠포드 대학의 그루버(Thomas A. Gruber) 교수는 온톨로지를 '공유된 개념화의 정형화되고 명시적인 명세(an explicit formal specification of a shared conceptualization)'라고 정의하며, 지식의 공유와 재사용을 가능하게 할 목적으로 만든다고 설명하였습니다. 특정 분야 또는 세상 전체를 대상으로 구성원 간에 합의된 개념(공통 어휘)과 이들 간의 관계를 컴퓨터가 이해할 수 있도록 정형화된 형식으로 정의하여 표현 또는 구현된 것이 온톨로지입니다.

온톨로지는 철학 및 존재론에서 유래한 용어로, 정보통신 분야에서는 일련의 개념과 특성을 관계로 정의하여 컴퓨터가 이를 이해하고 보다 정확하게 정보를 처리할 수 있도록 하는 도구로 사용됩니다. 이를 통해 지식의 공유가 가능해지며, 실용적인 프레임워크로 활용됩니다. 간단히 말하자면, 특정 분야의 지식을 구조화하여 컴퓨터가 이해하고 처리할 수 있도록 표현한 것입니다.

41) 정보통신용어사전, https://terms.tta.or.kr/dictionary/dictionaryView.do?word_seq=050917-5

온톨로지의 주요 구성 요소는 클래스, 인스턴스, 속성, 관계로 구분됩니다.

- **클래스(Class)**
  일반적으로 사물이나 개념 등에 붙이는 이름으로, 같은 성질을 가진 것들의 범주를 정의합니다.
- **인스턴스(Instance)**
  사물이나 개념의 개별적이고 구체적인 실체 또는 사건의 실질적인 형태를 의미합니다.
- **속성**
  클래스나 인스턴스의 특정한 성질이나 성향 등을 특정한 값으로 나타낸 것입니다.
- **관계**
  클래스와 인스턴스 간에 존재하는 상호작용 및 관계성을 나타냅니다.

예를 들어, 컴퓨터에 관한 온톨로지에서 '노트북'은 '컴퓨터'라는 상위 개념에 포함되는 하위 개념입니다. 또한, '노트북'은 여러 제조사에서 출시한 개별적인 제품들로 나타납니다.

[온톨로지 예시: 노트북의 예]

구분	클래스	인스턴스	속성	관계
특성	사물의 개념 (concept), 범주(category)	개별 요소인 실체(entity), 객체(indivisual)	클래스와 인스턴스의 특성(feature), 속성(attribute)	클래스 및 인스턴스 간의 관계성
예시	컴퓨터, 노트북	LG glam	사양, 가격	노트북은 컴퓨터에 포함된다.

3.1.1. 온톨로지와 스키마

데이터베이스를 사용해 본 분들에게는 스키마라는 개념이 더 친숙할 수 있습니다. 온톨로지와 스키마는 유사한 부분이 있고 때로 혼용되기도 하지만 다음과 같은 차이가 있습니다.

[스키마와 온톨로지의 차이[42][43]]

구분	스키마	온톨로지
기본개념	데이터 구조를 정의. 어떤 데이터가 어떤 타입을 가지는지와 관계를 명시	도메인의 개체, 속성, 관계, 제약, 규칙 등을 포괄적으로 모델링. 의미론적 지식 표현을 목표로 함.
주 목적	데이터베이스 구조 정의 및 데이터 무결성(integrity) 유지	지식 표현 및 추론 가능
모델링 대상	주로 "데이터" 자체	"개념"과 "개념 간 관계"
표현 방식	RDB 스키마(SQL DDL), NoSQL 스키마, 그래프 스키마 등	OWL, RDF, RDFS 등
예시	고객 테이블: 이름과 나이 컬럼 포함	"고객은 사람의 하위 클래스(subclass)"이고 "구매 행동을 수행할 수 있음" 등의 지식 모델

이처럼 온톨로지는 단순한 데이터 구조를 넘어, 개념과 의미, 관계를 명시하고 추론할 수 있는 지식 모델링 도구라고 할 수 있습니다.

하지만 실제 시스템, 특히 그래프 데이터베이스 환경에서는 '온톨로지'와 '스키마'가 혼용되어 사용되는 경우가 많습니다. 이는 양자의 개념적 차이에도 불구하고, 실무에서는 시스템의 목적과 표현 방식에 따라 유연하게 적용되기 때문입니다. 예를 들어, Neo4j와 같은 그래프 데이터베이스에서는 '스키마'라는 용어가 온톨로지의 역할을 일부 대체하기도 합니다.

Neo4j는 지식그래프를 노드와 관계, 그리고 그에 따른 속성을 통해 표현하며, 구조 설계 시 '스키마'라는 용어를 사용합니다. 이는 Neo4j가 데이터의 연결성과 탐색 성능에 중점을 둔 시스템이기 때문입니다. 복잡한 의미론적 제약이나 추론 기능(예: OWL 기반 추론)은 기본적으로 제공되지 않기 때문에, '온톨로지'라는 개념보다는 간결한 데이터 정의 구조에 가까운 접근을 취합니다.

---

42) Calvanese, D., De Giacomo, G., Lenzerini, M. (1998), "On the Relationship between Ontologies and Database Schemas," Proceedings of the 17th International Conference on Conceptual Modeling (ER'98).

43) Guarino, N. (1998), "Formal Ontology and Information Systems," Proceedings of FOIS 1998.

그렇다고 해서 Neo4j가 온톨로지적 사고와 완전히 무관한 것은 아닙니다. 실제로 온톨로지 모델링 기법을 차용하여 Neo4j 스키마를 설계하면, 데이터 구조의 표현력과 활용성이 크게 향상됩니다. 또한, OWL 기반 라이브러리와 연계하거나 외부 추론 엔진을 활용하면, Neo4j 기반의 지식그래프에서도 의미 기반 추론과 고급 응용이 가능해집니다.

3.2. 온톨로지의 활용

온톨로지를 사용하는 목적은 그루버의 정의에서 설명한 것처럼 지식의 공유와 재사용을 촉진하는 것입니다. 이는 지식을 표준화된 형식으로 표현하여 정보시스템 간에 지식을 공유하고 재사용할 수 있도록 만드는 목적을 가집니다. 또한 데이터의 의미를 명시적으로 정의함으로써 다른 시스템 및 데이터베이스 간의 통합을 용이하게 할 수 있습니다. 나아가 논리적 추론을 가능하게 하여 명시적으로 표현되지 않은 지식을 도출할 수 있게 하는 데 중요한 역할을 합니다.

온톨로지는 정보시스템에서 특정 분야의 지식을 개념화하고 구조화하여 일종의 사전처럼 사용할 수 있으며, 이를 통해 지식의 처리와 공유가 가능해집니다. 이러한 기능을 먼저 적용하여 활용한 분야는 시맨틱 웹입니다. 시맨틱 웹은 자동적인 실행과 추론을 위해 온톨로지를 기반으로 하여, 지식을 구조화하고 이를 공유하며 추론할 수 있게 돕고 있습니다.

온톨로지는 또한 인공지능, 자연어 처리, 문헌정보학, 지식그래프 등 여러 분야에서 지식 처리, 공유 및 재사용에 활발히 사용됩니다.

- **지식 관리 시스템**
  조직 내 지식을 체계적으로 관리하고 공유하는 데 활용할 수 있습니다.
- **정보 검색 및 질의 시스템**
  사용자의 의도를 더 정밀하게 이해하여 정확한 검색 결과를 제공할 수 있습니다.

- **자연어 처리**

  단어의 의미와 문맥을 이해해 더 정교한 언어 처리를 지원해줍니다.
- **의료 정보학**

  의료 데이터의 통합과 상호운용성을 향상시킵니다.
- **AI 및 머신러닝**

  지식 기반 시스템에서 추론과 의사결정을 위한 지식 표현에 활용됩니다.

즉, 온톨로지는 데이터의 의미를 명확하게 정의하고, 다양한 시스템과 도메인에서 재사용할 수 있으며, 추론을 통해 새로운 지식을 생성할 수 있는 장점을 가지고 있습니다.

하지만 그만큼의 어려움도 존재합니다. 도메인이 복잡할수록 온톨로지 설계와 유지보수가 어렵고, 도메인 변경에 따라 온톨로지를 주기적으로 갱신해야 한다는 부담이 존재합니다. 또한 모든 종류의 지식을 완벽히 표현하는 데 한계가 있다는 점도 고려해야 합니다.

온톨로지의 기본적인 개념과 표현방식 등이 지식그래프와 매우 유사한 것을 느끼셨을 겁니다. 모두 정보와 지식을 구조적으로 표현하기 위해 의미망에서부터 발전해 오면 온톨로지로 표준화되었기 때문에 근본적인 개념은 같으며 사용 목적 및 활용 방법의 차이가 조금 있을 뿐입니다.

[온톨로지와 지식그래프 특성 비교]

온톨로지	지식그래프	특성
클래스	라벨	유형, 범주
인스턴스	노드	개체
관계	엣지	관계
속성	속성	추가 정보

지식그래프에서 온톨로지가 중요시되는 이유는 지식그래프를 구축할 때 표준적인 형식으로 기본적인 구조를 설계하는 데 유용합니다. 스키마라고 하는

데이터 및 지식 등의 개념과 구조를 표현하는 방법이나 틀을 미리 정의해둔 일종의 설계도가 있는 것처럼 온톨로지가 지식그래프의 스키마로 사용되면 전체적인 개체와 관계의 구조나 형태가 갖춰지고 세부적인 데이터를 맞춰 가는 것이 좀 더 일관성 있고 효율적으로 구축할 수 있습니다.

특히 텍스트 데이터 기반의 지식그래프 구축에서는, 온톨로지를 활용하여 같은 유형과 속성을 가진 개체를 하나의 클래스로 정의하고, 클래스 간 관계를 사전에 정리해둠으로써 하위 개체(노드)를 일관성 있게 저장할 수 있습니다. 이처럼 온톨로지는 지식그래프 구축의 기초를 탄탄히 하고, 이후 지식 추론, 자동화, 확장성을 확보하는 데에도 큰 도움을 줍니다. 다음 절에서는 온톨로지를 실제로 어떻게 구축하는지에 대해 구체적으로 살펴보겠습니다.

3.3. 온톨로지의 구축

온톨로지의 구축 방법론은 TOVE, METHONTOLOGY, CYC, OTK, Ontology Development 101 등이 있으며, 구축하고자 하는 분야 및 도메인과 개발 여건 등을 고려하여 선택할 수 있습니다. 일반적인 온톨로지 구축 과정은 다음과 같습니다.

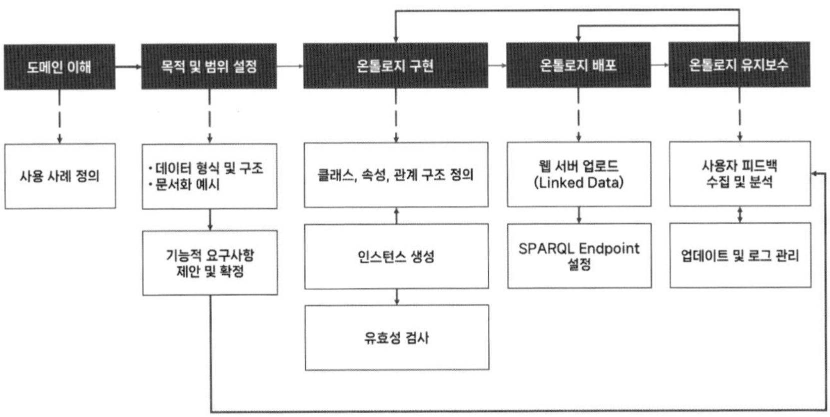

[온톨로지 구축 과정]

① 도메인 이해: 대상 도메인의 지식을 수집 및 분석

가장 먼저 이루어져야 할 과정은 구축하고자 하는 대상 도메인에 대해 사전 지식을 충분히 분석하는 것입니다. 도메인의 개념, 온톨로지의 사용 목적 및 필요성, 기존 온톨로지의 여부, 사용되는 용어 등의 도메인 전반에 대해 이해하고 수집된 지식을 기반으로 이후 구축 과정에 활용합니다.

② 범위 결정: 온톨로지가 다룰 개념과 범위의 명확한 정의

온톨로지의 사용 및 제공하고자 하는 목적과 사용 대상을 결정하여 구축 범위를 명확하게 정의합니다. 구축 범위에 따라 참조해야 하는 지식베이스가 달라지며, 사용 목적과 대상에 따라 온톨로지의 구성이 변동될 수 있고, 제공하는 정보의 종류에 따라 온톨로지의 표현력과 복잡도가 달라집니다. 그리고 사용하는 사람에 따라 어휘 선택이나 개념 분류 시 선택의 범위가 달라질 수 있습니다. 구축 과정에서 가장 기본적인 단계입니다.

③ 개체 탐색: 온톨로지에 필요한 용어 수집 및 인스턴스(개체) 탐색

온톨로지에 사용될 용어를 수집하는 단계로, 먼저 기존의 온톨로지가 있을 경우 재사용이 가능한지 고려합니다. 기존 온톨로지를 사용하면 공유된 개념 및 용어와 관계의 명확성을 확보할 수 있지만, 구축하고자 하는 온톨로지와의 연관성을 확인하여 누락 및 불필요한 부분을 조정해야 합니다. 기존 온톨로지가 없다면, 또는 그 외에도 누락된 범위나 개념을 보충하기 위해 도메인 관련 용어를 수집합니다. 도메인 관련 용어사전, 문헌, 웹페이지 등에서 데이터를 수집하고 용어를 추출하여 인스턴스를 찾아냅니다.

④ 클래스/속성 정의: 중요한 항목들을 열거하고 클래스와 속성 정의

추출된 용어는 전문가와 협업 및 검수를 통해 클래스, 인스턴스, 속성을 구분하고 정의합니다. 구축하고자 하는 온톨로지의 목적과 대상을 고려하여 주요 인스턴스를 주요 항목 및 특성에 따라 리스트로 나열합니다. 리스트에서 공통된 개념 또는 범주에 속한 것을 모아 클래스를 정의하고, 같은 클래스에 속한 인스턴스의 공통적인 정보를 찾아 속성을 정의합니다.

⑤ **관계 정의: 클래스들 간의 계층 구조와 관계를 정의하여 구조화**

정의된 클래스(개념)와 인스턴스(개체)들 간의 관계를 정의합니다. 클래스 간에 존재하는 상하 관계, 포함 관계 등의 계층적 구조와 인과 관계, 행위 등의 비계층적 관계를 적절한 용어를 선택하여 제약 조건을 통해 관계를 명확하게 정의합니다.

⑥ **표현 및 구현: 온톨로지 언어를 사용하여 형식적으로 표현**

정의된 클래스, 인스턴스, 속성, 관계를 온톨로지 언어 및 구축 프로그램을 사용하여 형식적으로 표현하고 온톨로지 구축을 완성합니다. 이때 사용되는 대표적인 온톨로지 언어로는 RDF(Resource Description Framework)와 OWL(Web Ontology Language)이 있으며, LOD(Linked Open Data), Topic Map 등을 사용하여 구축합니다.

⑦ **검증 및 평가: 온톨로지가 도메인의 지식을 정확하게 표현하는지 확인**

지식 관리, 검색 등의 목적으로 구축된 온톨로지가 정상적으로 작동하고 제 기능을 발휘하는지 검증하고 테스트를 실시합니다.

⑧ **배포 및 유지보수: 온톨로지를 활용하고, 필요에 따라 업데이트**

구축된 온톨로지를 활용하고, 시간이 지나면서 발생할 수 있는 도메인의 변화나 추가적인 요구 사항에 맞춰 유지보수 및 업데이트를 진행합니다.

다음은 온톨로지 구축의 예시를 통해 실무에서 온톨로지를 어떻게 설계하고 있는지 살펴보도록 하겠습니다.

3.4. 온톨로지 구축의 예: '공연/전시 서비스'를 위한 온톨로지

디지털 시대가 심화됨에 따라 문화예술 공연 및 전시 서비스를 제공하는 기업들은 방대한 양의 데이터를 효과적으로 관리하고 활용해야 하는 과제에 직면해 있습니다. 공연 정보, 아티스트 데이터, 장소 정보, 티켓 판매 기록, 관객 피드백 등 다양한 형태의 데이터가 산재되어 있으며, 이를 통합적으로 분석하고 가치 있는 정보로 변환하는 것은 기업의 경쟁력 강화에 필수적입니다. 이러한 맥락에서 온톨로지는 강력한 해결책을 제시합니다.

온톨로지는 특정 도메인의 지식을 체계적으로 표현하는 명시적이고 형식적인 명세입니다.[44)][45)] 즉, 특정 분야의 개념, 속성 그리고 개념 간의 관계를 정의하고, 이를 컴퓨터가 이해하고 처리할 수 있는 형태로 구조화한 지식 모델입니다.[46)]

온톨로지를 구축함으로써 기업은 다음과 같은 이점을 얻을 수 있습니다.

- **정보 구조에 대한 공통된 이해 공유**
  조직 내외부의 사람 또는 소프트웨어 에이전트 간에 정보의 의미와 구조에 대한 합의된 이해를 가능하게 합니다.
- **도메인 지식의 재사용성 증대**
  특정 도메인(예: 시간, 장소)에 대해 잘 구축된 온톨로지는 다른 애플리케이션이나 시스템에서 재사용될 수 있어 개발 효율성을 높입니다.
- **명시적인 도메인 가정**
  암묵적으로 존재하던 도메인에 대한 가정을 명시적으로 표현함으로써 지식의 변화에 유연하게 대응할 수 있습니다.
- **도메인 지식과 운영 지식 분리**
  특정 작업 로직(예: 공연 추천 로직)과 해당 작업의 대상이 되는 지식(공연, 장르, 아티스트 정보)을 분리하여 시스템의 유연성과 확장성을 높입니다.

---

44) Natalya F. Noy(2001), Ontology Development 101: A Guide to Creating Your First Ontology.

45) Gruber, T.R. (1993), Toward principles for the design of ontologies used for knowledge sharing, In N. Guarino and R. Poli (Eds.), Formal Ontology in Conceptual Analysis and Knowledge Representation, Kluwer Academic Publishers.

46) W3C OWL Working Group (2012), OWL 2 Web Ontology Language Document Overview (Second Edition), W3C Recommendation.

특히 문화예술 공연/전시 분야에서 온톨로지는 산재된 데이터를 통합하고, 시맨틱 검색, 개인 맞춤형 추천 서비스, 지능형 데이터 분석 등 고도화된 서비스를 구현하는 데 핵심적인 역할을 수행할 수 있습니다. 최근 공연 예술 분야에서도 디지털 전환(digital transformation)의 중요성이 부각되고 있으며, 변화하는 관객의 요구와 새로운 경험 창출을 위해 기술 도입이 가속화되고 있습니다. 온톨로지는 이러한 디지털 전환 과정에서 데이터의 의미론적 상호운용성을 확보하고, 새로운 비즈니스 모델을 탐색하는 데 중요한 기반 기술이 될 수 있습니다[47].

여기서는 온톨로지 개발 방법론의 표준적인 가이드라인으로 널리 인정받는 "Ontology Development 101"[48]에서 제시하는 8단계 절차를 기반으로, 각 단계를 공연/전시 도메인의 구체적인 예시와 함께 상세히 설명합니다.

3.4.1. '공연 및 전시 서비스' 온톨로지 구축 단계별 예시

▶ 단계 1: 도메인 이해

1) 목표

온톨로지를 구축하고자 하는 대상 영역, 즉 문화예술 공연 및 전시 도메인에 대한 깊이 있는 이해를 확보하는 것입니다. 이는 해당 분야의 핵심 개념, 용어, 지식 구조, 그리고 이들 간의 관계를 명확히 파악하는 과정을 포함합니다.

2) 주요 활동

- **도메인 전문가 인터뷰**
  공연 기획자, 극장 운영자, 전시 큐레이터, 마케터, 티켓 시스템 관리자 등 다양한 분야의 전문가들과의 심층 인터뷰를 통해 현장의 용어, 업무 프로세스, 주요 관심사, 데이터 활용 방식 등에 대한 생생한 정보를 수집합니다.

47) National Theatre & Indigo Ltd. (2025), Scene Change: Business Models in the Performing Arts

48) Natalya F. Noy, (2001), Ontology Development 101: A Guide to Creating Your First Ontology

- **관련 문서 및 데이터 분석**

  기존에 사용되던 공연/전시 분류 체계, 장르 정의, 작품 소개 자료, 보도자료, 티켓 예매 시스템의 데이터 스키마, 관객 리뷰 데이터, 관련 법규 및 규정 등 다양한 형태의 문서와 데이터를 분석하여 도메인의 구조와 용어를 파악합니다.

- **기존 문화예술 온톨로지 분석**

  문화유산 분야의 표준 온톨로지인 CIDOC-CRM(Conceptual Reference Model)[49], 이벤트 중심 모델링을 위한 SEM(Simple Event Model)[50], 웹 데이터 공유를 위한 schema.org의 Event 관련 스키마(Event, PerformanceEvent, ExhibitionEvent, MusicEvent, EventSeries 등)[51] 등을 분석합니다. 이러한 기존 온톨로지들은 공연/전시 도메인의 핵심 개념(예: Event, Actor, Place, Time, Persistent Item, Temporal Entity)과 관계(예: performer, location, startDate, workFeatured)를 어떻게 모델링하는지에 대한 유용한 참조점을 제공합니다.

도메인 이해 단계는 단순히 정보를 수집하는 것을 넘어, 수집된 정보를 바탕으로 해당 영역의 지식 구조를 개념적으로 모델링하는 초기 단계입니다. 따라서, 이 단계의 충실성은 이후 진행될 온톨로지 범위 결정, 클래스 및 속성 정의 등 모든 후속 단계의 방향과 품질에 직접적인 영향을 미치는 기반이 됩니다. 효과적인 도메인 이해를 위해서는 기술 전문가와 도메인 전문가 간의 긴밀한 협업이 필수적입니다. 또한, 기존의 관련 온톨로지를 분석하는 것은 단순히 시간과 노력을 절약하는 것을 넘어, 검증된 모델링 방식을 학습하고 향후 다른 시스템과의 데이터 연동 및 재사용 가능성을 높이는 중요한 활동입니다.

---

49) Doerr, M. (2003), The CIDOC CRM – An Ontological Approach to Schema Semantics, AI Magazine, 24(3), 75.

50) van Hage, W. R., Malaisé, V., Segers, R., Hollink, L., & Schreiber, G. (2009), Design and use of the Simple Event Model (SEM), Web Semantics: Science, Services and Agents on the World Wide Web, 9(2), 128–136.

51) Schema.org community. Schema.org.

▶ **단계 2: 범위 결정**

1) 목표

구축할 온톨로지가 포괄할 정보의 범위와 상세 수준을 명확하게 정의하는 것입니다. 이는 온톨로지의 활용 목적과 직접적으로 연관됩니다.

2) 주요 활동

- **온톨로지 활용 목적 정의**

  온톨로지를 구축하는 구체적인 이유와 목표를 설정합니다. 예를 들어, 내부적으로 분산된 공연/전시 데이터베이스를 통합 관리하기 위함인가? 웹사이트 방문객에게 더 정확하고 관련성 높은 공연/전시 정보를 제공하기 위함인가? 외부 파트너(예: 예매 사이트, 관광 정보 사이트)와의 데이터 연동을 위함인가? 혹은 관객 데이터를 분석하여 개인 맞춤형 추천 시스템이나 지능형 마케팅 전략을 개발하기 위함인가? 활용 목적에 따라 필요한 정보의 종류와 상세 수준이 달라집니다.

- **역량 질문 정의**

  온톨로지가 완성되었을 때 어떤 종류의 질문에 답할 수 있어야 하는지를 구체적인 질문 형태로 정의합니다. 이는 온톨로지가 갖춰야 할 정보와 구소를 명확히 하고, 개발 과정의 지침이자 최종 평가의 기준으로 활용됩니다. 공연/전시 도메인에서의 역량 질문 예시는 다음과 같습니다.

  - "배우 OOO가 출연한 모든 뮤지컬 공연 목록과 공연 기간은?"
  - "2024년 여름, 서울 예술의 전당에서 열리는 클래식 콘서트는 무엇이 있는가?"
  - "특정 미술관에서 현재 진행 중인 특별 전시의 입장료와 할인 정보는?"
  - "코미디 장르의 연극 중, 관객 평점 4.0 이상인 공연은?"
  - "어린이 동반 관람객에게 적합한 주말 공연은 무엇인가?"
  - "최근 관람한 A 공연과 유사한 분위기의 다른 공연을 추천해달라."

온톨로지의 범위를 명확히 설정하는 것은 프로젝트의 성공을 위해 매우 중요합니다. 범위가 너무 넓거나 모호하면 개발 과정에서 불필요한 작업이 늘어나고, 결과물의 초점이 흐려질 수 있습니다. 반대로 범위가 너무 좁으면 실제 활용 목적을 달성하기에 부족할 수 있습니다. 따라서 활용 목적을 구체적으로 정의하고, 이를 바탕으로 필요한 정보의 범위를 신중하게 결정해야 합니다. 특히, 역량 질문은 이러한 범위 설정을 구체화하고, 개발팀과 이해관계자 간의 공감대를 형성하며, 최종 온톨로지가 실제 요구사항을 만족하는지를 객관적으로 검증하는 데 핵심적인 역할을 수행합니다. 역량 질문은 온톨로지가 어떤 정보를 포함해야 하고, 그 정보들이 어떻게 연결되어야 하는지에 대한 실질적인 가이드라인을 제공합니다.

▶ 단계 3: 개체 탐색 (Entity Exploration / Reuse)

1) 목표

정의된 도메인과 범위 내에서 온톨로지에 포함될 핵심적인 개체, 즉 중요한 용어와 개념들을 식별하고 목록화하는 것입니다. 이는 이후 클래스와 속성을 정의하는 기초 자료가 됩니다.

2) 주요 활동

- **핵심 용어 추출**

  1단계(도메인 이해)와 2단계(범위 결정)의 결과를 바탕으로, 공연/전시 도메인에서 중요하게 사용되는 명사, 동사구 등을 추출합니다. 예를 들면 다음과 같은 용어들이 포함될 수 있습니다.

  - 공연/전시 자체: 공연, 연극, 뮤지컬, 콘서트, 오페라, 발레, 전시회, 미술전, 사진전, 박람회, 페스티벌, 행사 등
  - 참여자: 아티스트, 배우, 가수, 연주자, 무용수, 감독, 연출가, 작가, 작곡가, 큐레이터, 스태프, 관객, 예매자 등
  - 장소: 극장, 공연장, 콘서트홀, 미술관, 갤러리, 박물관, 전시장, 야외무대, 온라인 플랫폼 등
  - 시간/기간: 공연일, 전시기간, 시작 시간, 종료 시간, 예매 시작일, 러닝타임 등
  - 콘텐츠/작품: 작품, 대본, 악보, 미술품, 전시품, 프로그램 등
  - 행위/프로세스: 기획, 제작, 예매, 관람, 평가, 리뷰 작성 등
  - 속성/특성: 장르, 가격, 좌석 등급, 관람 등급, 할인 정보, 공연 상태(예정,

진행중, 종료, 취소), 접근성 정보(무료 여부) 등

- **동의어/유의어 정리**
  동일한 개념을 나타내는 다른 용어들(예: 공연장, 극장, 홀 / 아티스트, 출연진, 연기자)을 파악하고 대표 용어를 선정하거나 관계를 정의합니다. 이는 온톨로지 내 용어의 일관성을 유지하고 검색 효율성을 높이는 데 중요합니다.
- **개념 식별 접근법 선택**
  용어 목록을 바탕으로 실제 온톨로지의 클래스로 정의할 개념들을 식별하는 접근법을 선택합니다.
  - 하향식(Top-down): 가장 일반적인 개념(예: '이벤트')에서 시작하여 점차 구체적인 하위 개념(예: '공연', '전시' → '뮤지컬', '미술전')으로 세분화하는 방식입니다. 전체적인 구조를 먼저 잡는 데 유리합니다.
  - 상향식(Bottom-up): 가장 구체적인 개별 용어(예: 특정 공연명, 특정 배우 이름)들에서 시작하여 공통점을 묶어 상위 개념으로 일반화하는 방식입니다. 데이터 기반으로 개념을 도출하는 데 유용합니다.
  - 중간 확장식(Middle-out): 도메인에서 가장 중요하고 핵심적인 개념(예: '공연', '아티스트', '장소')들을 먼저 정의하고, 이를 중심으로 상위 및 하위 개념으로 확장해 나가는 방식입니다. 실용적이고 균형 잡힌 접근법이 될 수 있습니다. 어떤 접근법을 따를지는 개발자의 도메인에 대한 관점과 프로젝트의 특성에 따라 달라질 수 있습니다.

도메인 내의 중요한 용어를 포괄적으로 식별하고 목록화하는 것은 온톨로지가 해당 분야의 지식을 충분히 반영하도록 보장하는 데 필수적입니다. 이 단계에서 누락된 중요 용어는 이후 온톨로지의 완전성에 영향을 미칠 수 있습니다. 다양한 접근법(하향식, 상향식, 중간 확장식)은 각각의 장단점을 가지므로, 도메인의 복잡성, 가용 자원(데이터, 전문가), 개발팀의 선호도 등을 고려하여 적절한 방식을 선택하거나 조합하여 사용하는 것이 효과적입니다. 이 단계에서 생성된 용어 목록은 다음 단계인 클래스와 속성 정의의 직접적인 입력 자료가 됩니다.

▶ **단계 4: 클래스 및 속성 정의**

1) 목표

3단계에서 식별된 핵심 용어와 개념들을 바탕으로 온톨로지의 기본 골격인 클래스와 각 클래스를 설명하는 속성을 정의하는 것입니다. 이는 온톨로지 모델링의 핵심 단계입니다.

2) 주요 활동

- **클래스 정의**

  도메인 내의 개체들을 공통된 특성에 따라 그룹화하는 클래스를 정의합니다. OWL에서는 owl:Class를 사용하여 정의합니다[52].

  - Performance rdf:type owl:Class., :Exhibition rdf:type owl:Class., :Venue rdf:type owl:Class., :Artist rdf:type owl:Class., :Ticket rdf:type owl:Class.
  - 여기서 ":Performance rdf:type owl:Class."를 풀이하면 ":Performance는 owl:Class 타입"
  - Performance는 온톨로지 안에서 하나의 "클래스"로 정의된다. 로 해석
  - rdf는 데이터를 3요소(주어-술어-목적어)로 표현하는 표준 포맷

- **클래스 계층 구조 설계**

  클래스 간의 'is-a' 관계(상속 관계)를 정의하여 계층 구조를 만듭니다. 이는 지식의 구조화, 정보 검색의 효율화, 추론 기능 활용에 중요합니다. OWL에서는 rdfs:subClassOf 속성을 사용합니다. 클래스 계층 구조 설계 시에는 논리적 일관성과 명확성을 유지하는 것이 중요합니다. 예를 들어, 형제 클래스들은 동일한 기준으로 분류되어야 하며, 너무 깊거나 넓은 계층 구조는 피하는 것이 좋습니다. Gruber의 온톨로지 설계 원칙 중 명확성과 일관성을 고려하여 설계해야 합니다.

---

52) W3C OWL Working Group (2012), OWL 2 Web Ontology Language Document Overview (Second Edition), W3C Recommendation.

```
:Musical rdfs:subClassOf :Performance. (뮤지컬은 공연의 하위 클래스이다)
:Concert rdfs:subClassOf :Performance. (콘서트는 공연의 하위 클래스이다)
:ArtExhibition rdfs:subClassOf :Exhibition. (미술 전시는 전시의 하위 클래스이다)
```

- **속성 정의**

  클래스의 특징이나 다른 클래스와의 관계를 나타내는 속성을 정의합니다. 속성은 크게 데이터 속성, 객체 속성 두 가지 유형으로 나뉩니다.

  - 데이터 속성이란 클래스의 개체를 특정 데이터 값과 연결하는 속성입니다. OWL에서는 owl :DatatypeProperty로 정의하며, XML Schema Datatypes(xsd)를 사용하여 값의 유형을 지정합니다.

```
공연명(:hasTitle) :Performance와 xsd:string 연결
러닝타임(:hasDuration) :Performance와 xsd:duration 또는 xsd:integer (분
단위) 연결
개막일(:openingDate) :Exhibition과 xsd:date 연결
티켓 가격(:hasPrice) :Ticket과 xsd:decimal 또는 xsd:float 연결
```

  - 객체 속성은 한 클래스의 개체를 다른 클래스의 개체와 연결하는 속성입니다. 관계를 나타내며, OWL에서는 owl:ObjectProperty로 정의합니다. 밑의 예시와 함께 속성을 정의하는 방법에 대해 살펴보도록 하겠습니다.

```
공연 장소(:takesPlaceAt) :Performance와 :Venue 연결
출연 아티스트(:hasPerformer) :Performance와 :Artist 연결
전시 작품(:featuresWork) :Exhibition과 :Artwork 연결 (schema:workFeatured
와 유사)
공연 장르(:hasGenre) :Performance와 :Genre 연결
```

- **속성의 정의역과 치역 정의**

  각 속성이 적용될 수 있는 클래스(정의역, rdfs:domain)와 해당 속성이 가

질 수 있는 값의 유형 또는 연결될 수 있는 클래스(치역, rdfs:range)를 명시적으로 정의합니다. 이는 온톨로지의 의미를 명확히 하고, 데이터 유효성 검사 및 추론을 가능하게 합니다. 아래는 속성 정의의 예시입니다.

```
:hasTitle rdfs:domain :Performance ; rdfs:range xsd:string.
해석) hasTitle 속성은 Performance 클래스에 적용되고, 값은 문자열
:takesPlaceAt rdfs:domain :Performance ; rdfs:range :Venue.
해석) takesPlaceAt 속성은 Performance 클래스에 적용되고, Venue 클래스의 개체와 연결
```

지금까지 클래스와 속성을 정의하는 과정을 살펴보았습니다. 클래스와 속성을 정의하는 것은 온톨로지 모델의 뼈대를 만드는 과정입니다. 클래스 계층 구조는 지식의 분류 체계를 형성하며, 속성은 개체들의 구체적인 정보와 개체들 간의 연결 관계를 표현합니다. 데이터 속성과 객체 속성을 명확히 구분하고, 각 속성의 정의역과 치역을 정확하게 정의하는 것은 모델의 정밀도를 높이고, 향후 온톨로지 기반 추론 시스템의 기반을 마련하는 데 필수적입니다. 이 단계에서는 도메인 전문가와의 긴밀한 협의를 통해 실제 도메인의 의미 구조를 정확하게 반영하는 것이 중요하며, 잘 정의된 클래스와 속성은 온톨로지의 전반적인 품질과 활용성을 결정짓는 핵심 요소가 됩니다.

▶ 단계 5: 관계 정의

1) 목표

클래스 간의 관계를 나타내는 객체 속성을 더욱 상세화하고, 속성 자체의 특성과 제약 조건을 정의하여 온톨로지의 표현력과 정밀도를 높이는 것입니다. 이는 단순한 연결 관계를 넘어 더 풍부한 의미론적 정보를 모델링하는 단계입니다.

2) 주요 활동

- **객체 속성 상세화**

  4단계에서 정의된 객체 속성 외에 도메인 내의 다양한 관계를 추가적으로 정의합니다. 예시를 통해 객체 속성을 상세화하는 과정을 살펴볼 수 있습니다.

isLocatedIn (정의역: :Venue, 치역: :City)
해석) 특정 장소가 어느 도시에 위치하는지 나타내는 관계
producedBy (정의역: :Performance, 치역: :ProductionCompany)
해석) 특정 공연을 제작한 회사를 나타내는 관계
:curatedBy (정의역: :Exhibition, 치역: :Curator)
해석) 특정 전시를 기획한 큐레이터를 나타내는 관계
:isPartOf (정의역: :Performance, 치역: :Festival)
해석) 특정 공연이 더 큰 규모의 페스티벌의 일부임을 나타내는 관계
(schema:subEvent/superEvent 와 유사)

- **속성 특성 정의**

  객체 속성이 가지는 논리적 특성을 정의하여 추론 능력을 향상시킵니다. 주요 특성은 다음과 같습니다.

[객체 속성의 논리적 특성의 예: 공연/전시의 예]

특성	정의	예시
함수적 속성	특정 개체에 대해 최대 하나의 값만 가질 수 있는 속성	hasDirector :한 공연은 일반적으로 한 명의 메인 감독을 가짐
역함수적 속성	속성의 값이 각 개체에 대해 고유한 속성. 이 속성 값을 통해 개체를 유일하게 식별할 수 있음	hasTicketingID
이행적 속성	A가 B와 관계를 맺고, B가 C와 관계를 맺으면, A도 C와 관계를 맺는 속성	isLocatedIn :공연장이 서울에 있고 서울이 한국에 있다면, 공연장은 한국에 있음
대칭적 속성	A가 B와 관계를 맺으면, B도 A와 동일한 관계를 맺는 속성	isSimilarTo :공연 A가 공연 B와 유사하면, 공연 B도 공연 A와 유사
비대칭적 속성	A가 B와 관계를 맺으면, B는 A와 동일한 관계를 맺을 수 없는 속성	isPartOf
재귀적 속성	모든 개체가 자기 자신과 관계를 맺는 속성	
비재귀적 속성	어떤 개체도 자기 자신과 관계를 맺을 수 없는 속성	producedBy
역 속성	두 속성이 서로 반대 방향의 관계를 나타냄	hasPerformer의 역 속성은 performsIn :owl:inverseOf 사용

- **관계 카디널리티 제약 정의**

  특정 클래스의 개체가 특정 속성을 통해 연결될 수 있는 다른 개체의 수를 제한합니다.
  - 최소 카디널리티 (Min Cardinality): owl:minCardinality - 적어도 N개의 관계를 가져야 함 (예: 모든 :Musical은 적어도 1명의 :Actor를 :hasPerformer로 가져야 함).
  - 최대 카디널리티 (Max Cardinality): owl:maxCardinality - 최대 N개의 관계만 가질 수 있음 (예: :Seat는 최대 1개의 :Ticket에 :isAssignedTo로 연결될 수 있음).
  - 정확 카디널리티 (Exact Cardinality): owl:cardinality - 정확히 N개의 관계를 가져야 함.
- **복잡한 관계 표현**

  여러 속성을 연결하여 새로운 관계를 추론할 수 있도록 정의합니다. owl:propertyChainAxiom 사용합니다.

```
:hasPerformer o :isBasedIn -> :hasPerformerBasedIn
해석)공연의 출연자가 특정 도시에 기반을 두고 있다면, 공연은 해당 도시에 기반을 둔 출연자를 가진다
```

관계 정의 단계는 온톨로지에 포함된 지식의 깊이와 정교함을 더하는 과정입니다. 단순한 연결을 넘어 관계의 논리적 특성(함수성, 이행성 등)과 수량적 제약을 명시함으로써, 온톨로지는 더욱 정확한 도메인 모델이 되며, 추론 엔진이 이를 바탕으로 암묵적인 지식을 명시적인 지식으로 도출해낼 수 있게 됩니다. 예를 들어, :isPartOf를 이행적 속성으로 정의하면, 개별 공연이 특정 섹션의 일부이고 해당 섹션이 페스티벌의 일부일 때, 개별 공연이 페스티벌의 일부라는 사실을 자동으로 추론할 수 있습니다. 이러한 상세한 관계 정의는 데이터의 일관성을 검증하고, 보다 지능적인 애플리케이션(예: 복잡한 조건의 검색, 정교한 추천)을 개발하는 데 필수적인 기반을 제공합니다.

▶ **단계 6: 표현 및 구현**

1) 목표

앞선 단계들에서 개념적으로 설계된 온톨로지 모델(클래스, 속성, 관계)을 컴퓨터가 이해하고 처리할 수 있는 표준 형식으로 변환하고, 실제 온톨로지 파일을 생성하는 단계입니다.

2) 주요 활동

- **온톨로지 표현 언어 선택**

  온톨로지를 기술하기 위한 표준 언어를 선택합니다. 현재 웹 온톨로지 분야의 표준은 W3C에서 제정한 OWL 2입니다. OWL 2는 풍부한 표현력과 강력한 논리적 기반을 제공하여 복잡한 도메인 지식을 정밀하게 모델링하고 추론할 수 있게 합니다. OWL 2는 다양한 표현력 수준과 계산 복잡성을 가진 프로파일(예: OWL 2 EL, OWL 2 QL, OWL 2 RL)들을 제공합니다. 애플리케이션의 요구사항(예: 대규모 데이터 처리, 빠른 쿼리 응답, 복잡한 추론)에 따라 적합한 프로파일을 선택할 수 있습니다.

- **OWL 구문 선택**

  OWL 2 온톨로지를 파일로 저장하고 교환하기 위한 구문을 선택합니다. 주요 구문은 다음과 같습니다.

  - RDF/XML: OWL의 기본 교환 형식이며, RDF 표준에 기반한 XML 구문입니다. 기계 처리에 적합하지만 사람이 직접 읽고 쓰기에는 다소 복잡할 수 있습니다.
  - Turtle (Terse RDF Triple Language): RDF 트리플을 간결하게 표현하는 텍스트 기반 구문입니다. 사람이 읽고 쓰기에 비교적 용이하여 개발 과정에서 많이 사용됩니다.
  - OWL/XML: OWL 2 구조를 직접 반영하는 XML 기반 구문입니다.
  - Manchester Syntax: 프레임 기반으로 클래스 관련 정보를 모아서 보여주는 사용자 친화적인 구문입니다. 특히 Protégé와 같은 온톨로지 편집 도구에서 많이 사용됩니다.
  - JSON-LD: JSON 형식을 사용하여 링크드 데이터를 표현하는 방식으로, 웹 개발 환경과의 통합에 유리합니다.

- **온톨로지 편집 도구 사용**

  온톨로지를 시각적으로 설계하고, OWL 코드를 생성 및 편집하며, 관리하는 데 특화된 소프트웨어 도구를 사용합니다. 가장 널리 사용되는 오픈소스 도구는 스탠포드 대학에서 개발한 Protégé입니다[53]. Protégé는 데스크톱 버전과 웹 기반 버전을 제공하며, OWL 2 표준을 완벽하게 지원하고, 다양한 플러그인을 통해 기능을 확장할 수 있습니다. 사용자 친화적인 인터페이스와 추론기 연동 기능을 제공하여 온톨로지 개발 생산성을 높여줍니다.

- **URI 명명 규칙 및 네임스페이스 정의**

  온톨로지 내의 모든 클래스, 속성, 개체는 고유한 식별자를 가져야 합니다. 일관성 있고 의미 있는 URI 명명 규칙을 수립하고, 온톨로지의 출처와 버전을 나타내는 네임스페이스를 정의하는 것이 중요합니다. 이는 온톨로지의 재사용성과 다른 시스템과의 연동성을 확보하는 데 필수적입니다. 예를 들어, 공연 관련 클래스는 http://myperformingarts.com/ontology/performance# 와 같은 네임스페이스를 사용할 수 있습니다. 이 네임스페이스는 사용자가 새로 정의한 독자적인 온톨로지의 고유한 식별자입니다.

- **개체 생성**

  정의된 클래스와 속성을 바탕으로 실제 세계의 구체적인 개체를 온톨로지에 추가합니다. 예를 들어, 특정 뮤지컬 공연 '캣츠'를 :Musical 클래스의 개체로 생성하고, 관련 속성값들을 연결합니다.

- **예시(Turtle 구문)**

```
@prefix : <http://myperformingarts.com/ontology/performance#>.
@prefix rdf: <http://www.w3.org/1999/02/22-rdf-syntax-ns#>.
@prefix owl: <http://www.w3.org/2002/07/owl#>.
```

53) Protégé Team, Stanford Center for Biomedical Informatics Research. Protégé Ontology Editor.

```
@prefix xsd: <http://www.w3.org/2001/XMLSchema#>.
@prefix rdfs: <http://www.w3.org/2000/01/rdf-schema#>.

:Performance rdf:type owl:Class.
:Musical rdf:type owl:Class ;
rdfs:subClassOf :Performance.
:Venue rdf:type owl:Class.
:Artist rdf:type owl:Class.

:hasTitle rdf:type owl:DatatypeProperty ;
        rdfs:domain :Performance ;
        rdfs:range xsd:string.:
takesPlaceAt rdf:type owl:ObjectProperty ;
            rdfs:domain :Performance ;
            rdfs:range :Venue.
:hasPerformer rdf:type owl:ObjectProperty ;
             rdfs:domain :Performance ;
             rdfs:range :Artist.

# Instance Creation Example
:Cats_Musical rdf:type :Musical ;
             :hasTitle "Cats"^^xsd:string ;
             :takesPlaceAt :NationalTheatre ;
             :hasPerformer :JaneDoe.
:NationalTheatre rdf:type :Venue ;
               rdfs:label "National Theatre".

:JaneDoe rdf:type :Artist ;
       rdfs:label "Jane Doe".
```

- **예시(Turtle 구문)의 해석**

```
@prefix : <http://myperformingarts.com/ontology/performance#>.
@prefix rdf: <http://www.w3.org/1999/02/22-rdf-syntax-ns#>.
@prefix owl: <http://www.w3.org/2002/07/owl#>.
@prefix xsd: <http://www.w3.org/2001/XMLSchema#>.
@prefix rdfs: <http://www.w3.org/2000/01/rdf-schema#>.
```

해석) http://myperformingarts.com/ontology/performance#를 기본 네임스페이스로 사용

해석) rdf, owl, xsd, rdfs

: 각각 RDF, OWL, XML Schema Datatype, RDF Schema 표준 네임스페이스를 미리 지정함

```
:Performance rdf:type owl:Class.
:Musical rdf:type owl:Class ;
        rdfs:subClassOf :Performance.
:Venue rdf:type owl:Class.
:Artist rdf:type owl:Class.
```

해석1) "Performance(공연)"는 하나의 클래스다.

해석2) :Musical "Musical(뮤지컬)"도 하나의 클래스인데, Performance의 하위 클래스(subClassOf)

해석3) :Venue "Venue(장소)"는 하나의 클래스다.

헤삭4) :Artist "Artist(예술가)"는 하나의 클래스다.

정리) "뮤지컬은 공연의 한 종류이고, 장소와 예술가도 각각 따로 클래스로 존재한다"는 뜻.

```
:hasTitle rdf:type owl:DatatypeProperty ;
          rdfs:domain :Performance ;
          rdfs:range xsd:string.
```

해석1) hasTitle은 DatatypeProperty (데이터 값을 가지는 속성)
해석2) 적용되는 대상을 의미하는 domain은 Performance (공연에 적용)
해석3) 값(value)의 타입은 xsd:string (텍스트)

정리) 공연(Performance)은 제목(hasTitle)을 가지고 있으며, 그 제목은 문자열 (string) 타입이다.

```
:takesPlaceAt rdf:type owl:ObjectProperty ;
              rdfs:domain :Performance ;
              rdfs:range :Venue.
```

해석1) takesPlaceAt은 ObjectProperty (다른 객체와 관계를 맺는 속성)
해석2) 공연(Performance)이 장소(Venue)에서 열린다는 관계를 나타냄

```
:hasPerformer rdf:type owl:ObjectProperty ;
              rdfs:domain :Performance ;
              rdfs:range :Artist.
```

해석1) hasPerformer도 ObjectProperty
해석2) 공연(Performance)에 대해, 공연자가(Artist) 있다는 관계를 나타냄

```
# Instance Creation Example:
Cats_Musical rdf:type :Musical ;
             :hasTitle "Cats"^^xsd:string ;
```

```
:hasPerformer :JaneDoe.
```

해석1) Cats_Musical "Cats_Musical"은 Musical 클래스의 인스턴스 (뮤지컬 공연 중 하나)
해석2) :hasTitle "Cats" 제목은 "Cats"라는 문자열 (^^는 RDF, OWL 등에서 "데이터 타입" 명시하는 표기법)
해석3) :takesPlaceAt :NationalTheatre 장소는 NationalTheatre
해석4) :hasPerformer :JaneDoe 공연자는 JaneDoe

정리) 즉, "Cats_Musical"은 'Cats'라는 제목을 가진 뮤지컬 공연이고, National Theatre에서 열리며, Jane Doe가 공연자로 참여한다.

위의 예를 Protégé에서 사용하는 Manchester Syntax 버전으로 다시 작성하면 다음과 같습니다. 위의 Turtle 구문과 비교하면 비교적 단순하여 이해하기 수월합니다.

```
Ontology: <http://myperformingarts.com/ontology/performance>

Prefix: : <http://myperformingarts.com/ontology/performance#>
Prefix: rdf: <http://www.w3.org/1999/02/22-rdf-syntax-ns#>
Prefix: owl: <http://www.w3.org/2002/07/owl#>
Prefix: xsd: <http://www.w3.org/2001/XMLSchema#>
Prefix: rdfs: <http://www.w3.org/2000/01/rdf-schema#>

### 클래스(Class) 정의
Class: Performance
Class: Musical
    SubClassOf: Performance
Class: Venue
Class: Artist
```

```
### 데이터 속성(Datatype Property) 정의
DatatypeProperty: hasTitle
    Domain: Performance
    Range: xsd:string

### 객체 속성(Object Property) 정의
ObjectProperty: takesPlaceAt
    Domain: Performance
    Range: Venue
ObjectProperty: hasPerformer
    Domain: Performance
    Range: Artist

### 인스턴스(Individuals) 정의
Individual: Cats_Musical
    Types: Musical
    Facts:
        hasTitle "Cats"^^xsd:string,
        takesPlaceAt NationalTheatre,
        hasPerformer JaneDoe
Individual: NationalTheatre
    Types: Venue
    Annotations:
        rdfs:label "National Theatre"
Individual: JaneDoe
    Types: Artist
    Annotations:
        rdfs:label "Jane Doe"
```

온톨로지 언어와 구문의 선택은 단순히 기술적인 선호도를 넘어, 개발 및 유지보수 과정에서의 생산성, 사용 도구와의 호환성, 그리고 최종적으로 온톨로지 데이터가 어떻게 활용될지에 영향을 미칩니다. 예를 들어, Turtle 구문은 사람이 직접 코드를 작성하고 검토하기 편리하여 개발 초기 단계나 소규모 팀에 유리할 수 있지만, 기존 XML 기반 시스템과의 연동이 중요하다면 RDF/XML이나 OWL/XML이 더 표준적인 선택일 수 있습니다.

Protégé 사용자는 Manchester Syntax가 매우 직관적으로 느껴질 수 있습니다. 또한, 체계적인 URI 명명 규칙과 네임스페이스 관리는 온톨로지의 장기적인 확장성과 유지보수성을 담보하는 중요한 요소입니다. 일관성 없는 URI는 혼란을 야기하고 다른 온톨로지와의 통합을 어렵게 만들 수 있으며, 잘 설계된 네임스페이스는 온톨로지의 출처와 버전을 명확히 하고, 다른 온톨로지와의 충돌을 방지하며, 궁극적으로 온톨로지의 재사용성을 높이는 기반이 됩니다. 이는 특히 여러 기관이 협력하여 데이터를 공유하거나 공동으로 온톨로지를 구축할 때 더욱 중요해집니다.

참고로 위의 온톨로지를 Neo4j의 스키마로 표현하면 다음과 같습니다.

- **노드(Node) 정의**

Label	설명(Ontology Class)
Performance	공연(Performance)
Musical	뮤지컬(Musical) (Performance의 서브클래스)
Venue	공연장(Venue)
Artist	아티스트(Artist)

- **노드(Node) 속성(Properties)**

라벨(Label)	속성(Property)	타입(Type)
Performance(및 서브클래스)	hasTitle	String
Venue	label (rdfs:label)	String
Artist	label (rdfs:label)	String

• **관계(Relation) 정의**

관계(Relationship Type)	시작(Start Node)	끝(End Node)
TAKES_PLACE_AT	Performance	Venue
HAS_PERFORMER	Performance	Artist

위의 스키마의 인스턴스의 예는 다음과 같습니다.

```
(:Musical:Performance {hasTitle: "Cats"})
  -[:TAKES_PLACE_AT]->
    (:Venue {label: "National Theatre"})

(:Musical:Performance {hasTitle: "Cats"})
  -[:HAS_PERFORMER]->
    (:Artist {label: "Jane Doe"})
```

Protégé의 온톨로지를 Neo4j의 스키마와 데이터로 변환하는 도구로 neosemantics (n10s)를 사용할 수 있습니다[54]. 필요에 따라 Python 스크립트로 맞춤형 변환도 가능합니다.

▶ 단계 7: 검증 및 평가

1) 목표

구축된 온톨로지가 기술적으로 올바르고, 논리적으로 일관되며, 정의된 요구사항을 충족하는지 종합적으로 평가하고 검증하는 단계입니다. 이는 온톨로지의 품질을 보증하고 신뢰성을 확보하기 위해 필수적입니다.

2) 주요 활동

• **일관성 검증**

온톨로지 내에 정의된 클래스, 속성, 개체들 간에 논리적인 모순이 없는지 확인합니다. 예를 들어, 특정 클래스가 동시에 서로 다른 상위 클래스의 하

54) Neo4j, neosemantics (n10s): Neo4j RDF & Semantics toolkit, https://neo4j.com/labs/neosemantics/

위 클래스이면서 그 상위 클래스들이 서로소 관계로 정의되어 있거나, 특정 속성의 정의역/치역 제약을 위반하는 개체가 존재하는 등의 모순을 탐지합니다. 이는 주로 추론기를 사용하여 자동으로 수행됩니다. Protégé는 HermiT, Pellet 등 다양한 추론기를 내장하거나 연동할 수 있습니다.

- **완전성 평가**

  온톨로지가 2단계에서 정의된 범위와 역량 질문을 충분히 포괄하는지 평가합니다. 정의된 모든 역량 질문에 대해 온톨로지에 저장된 정보와 추론 결과를 이용하여 답변을 생성할 수 있는지 확인합니다. 또한, 도메인 전문가가 온톨로지를 검토하여 중요한 개념이나 관계가 누락되지 않았는지 평가합니다. 실제 공연/전시 데이터(예: 내부 DB, 외부 예매 사이트 데이터)를 대표하는 코퍼스와 온톨로지의 커버리지를 비교하는 방식도 활용될 수 있습니다.

- **정확성 검증**

  온톨로지에 표현된 지식(클래스 정의, 속성 값, 관계 등)이 실제 공연/전시 도메인의 사실과 일치하는지 확인합니다. 예를 들어, 특정 공연의 장르 분류가 올바른지, 배우의 출연 정보가 정확한지 등을 검증합니다. 이는 주로 해당 분야의 지식을 가진 도메인 전문가의 검토를 통해 이루어집니다.

- **품질 기준 기반 평가**

  미리 정의된 품질 기준에 따라 온톨로지를 평가합니다. Tom Gruber가 제안한 설계 원칙, 즉 명확성, 일관성, 확장성, 최소 인코딩 편향, 최소 온톨로지 약속 등을 기준으로 평가할 수 있습니다. 이 외에도 간결성(불필요한 요소는 없는가?), 적응성(예상되는 활용 시나리오를 잘 지원하는가?)[55] 등의 기준을 적용할 수 있습니다.

- **애플리케이션 기반 평가**

  온톨로지를 실제 활용될 애플리케이션(예: 사내 공연 정보 검색 시스템, 웹사이트 추천 엔진, 데이터 분석 도구)에 적용하여 성능 향상 여부를 측정합

---

55) Raad, J., & Cruz, C. (2015), A Survey on Ontology Evaluation Methods. Proceedings of the 7th International Joint Conference on Knowledge Discovery, Knowledge Engineering and Knowledge Management (IC3K 2015), Vol. 2: KEOD.

니다[56]. 예를 들어, 온톨로지 기반 검색 시스템이 기존 키워드 검색 시스템보다 더 정확하고 관련성 높은 검색 결과를 제공하는지, 추천 시스템의 정확도나 사용자 만족도가 향상되는지 등을 평가합니다.

온톨로지 평가는 단일한 방법으로 완료될 수 없으며, 여러 접근법을 조합하여 다각적으로 수행하는 것이 중요합니다. 논리적 일관성 검증(추론기 사용)만으로는 온톨로지가 실제 세계를 정확하게 반영하는지(정확성) 또는 본래의 사용 목적을 달성할 수 있는지(완전성, 애플리케이션 성능)를 완전히 보장할 수 없습니다. 따라서 기술적인 검증(추론기), 도메인 전문가의 검토, 실제 데이터와의 비교 분석, 그리고 실제 활용 사례에서의 성능 평가 등 다양한 방법을 병행해야 온톨로지의 품질을 종합적이고 신뢰성 있게 평가할 수 있습니다.

더 나아가, 평가 과정은 단순히 개발의 완료를 확인하는 단계가 아니라, 지속적인 개선을 위한 출발점 역할을 합니다. 평가 중에 발견된 문제점들, 예를 들어 특정 역량 질문에 답할 수 없다거나(완전성 부족), 추론 결과가 예상과 다르거나(정확성 또는 일관성 문제), 특정 개념 정의가 모호하다는(명확성 부족) 피드백 등은 다시 이전 설계 단계(특히 4단계 클래스 및 속성 정의, 5단계 관계 정의)로 환류되어 온톨로지를 수정하고 개선하는 동력이 됩니다. 이러한 반복적인 정제 과정을 통해 온톨로지의 품질은 점진적으로 향상되며, 실제 활용 가치를 높일 수 있습니다.

▶ 단계 8: 배포 및 유지보수

1) 목표

검증 및 평가를 통해 품질이 확보된 온톨로지를 실제 운영 환경의 시스템에 적용(배포)하고, 변화하는 도메인 지식과 사용자 요구사항에 맞춰 온톨로지를 지속적으로 관리하고 업데이트(유지보수)하는 단계입니다.

---

56) Brank, J., Grobelnik, M., & Mladenić, D. (2005), A survey of ontology evaluation techniques. Proceedings of the Conference on Data Mining and Data Warehouses (SiKDD 2005).

2) 주요 활동

- **배포**

  개발된 온톨로지를 목표 시스템에 통합하여 실제 서비스나 업무에 활용합니다. 예를 들어, 온톨로지를 트리플 스토어(Triple Store, RDF 데이터를 저장하고 쿼리하는 데이터베이스)에 로드하고, 웹사이트의 검색 엔진이 SPARQL(온톨로지 데이터 질의 언어) 쿼리를 통해 온톨로지 정보를 활용하도록 연동하거나, 공연 추천 시스템의 핵심 지식 기반으로 사용하는 등의 방식으로 배포될 수 있습니다.

- **문서화**

  온톨로지 개발 과정에서의 주요 결정 사항, 각 클래스와 속성의 상세한 정의, 사용된 용어 해설, 온톨로지 활용 가이드라인 등을 포함하는 포괄적인 문서를 작성하고 최신 상태로 관리합니다. 잘 작성된 문서는 온톨로지의 이해도를 높이고, 유지보수 및 활용을 용이하게 합니다.

- **버전 관리**

  온톨로지에 대한 변경 이력을 체계적으로 관리하고, 안정적으로 운영되는 버전과 개발 중인 버전을 구분하여 관리합니다. Git과 같은 버전 관리 시스템을 활용하여 변경 사항을 추적하고, 필요한 경우 이전 버전으로 복구할 수 있도록 합니다[57]. 이는 협업 환경에서 특히 중요하며, 변경으로 인한 예기치 않은 문제를 방지하는 데 도움이 됩니다.

- **유지보수 계획 수립**

  온톨로지는 한번 구축하면 끝나는 정적인 산출물이 아니라, 지속적으로 관리되고 발전해야 하는 동적인 지식 기반입니다. 따라서 온톨로지 변경 요청 처리 절차, 정기적인 검토 및 업데이트 주기, 오류 수정 방안, 책임자 지정 등 구체적인 유지보수 정책과 계획을 수립해야 합니다. 온톨로지 생명주기 관리 프레임워크를 참고하여 체계적인 관리 방안을 마련하는 것이 좋습니다.

---

57) Matentzoglu, N. et al. (2022), The Ontology Development Kit: a toolkit for building, testing and releasing high-quality ontologies. Database, Vol. 2022.

- **지속적인 업데이트**
  공연/전시 도메인은 끊임없이 변화합니다. 새로운 장르가 등장하고, 새로운 형태의 공연(예: 온라인 스트리밍, 메타버스 공연)이 나타나며, 관련 기술이나 법규도 변경될 수 있습니다. 또한, 온톨로지 사용자들의 요구사항도 진화할 수 있습니다. 이러한 변화를 반영하여 온톨로지를 지속적으로 수정하고 확장해야 합니다. Ontology Development Kit (ODK)와 같은 도구는 이러한 업데이트, 품질 관리(QC), 릴리즈 과정을 자동화하고 표준화하여 유지보수 효율성을 높이는 데 도움을 줄 수 있습니다.

온톨로지 배포는 단순히 완성된 파일을 서버에 업로드하는 행위가 아닙니다. 온톨로지가 실제적인 가치를 창출하기 위해서는 이를 활용할 애플리케이션(예: 검색 엔진, 추천 시스템, 데이터 분석 플랫폼)과의 긴밀한 기술적 통합이 필수적입니다. 즉, 애플리케이션이 온톨로지를 이해하고, 저장된 지식을 SPARQL과 같은 표준 인터페이스를 통해 질의하며, 필요에 따라 추론 엔진을 통해 도출된 새로운 지식까지 활용할 수 있도록 관련 기술 인프라(예: 트리플 스토어, 쿼리 엔진, API)를 구축하고 연동하는 개발 과정이 수반되어야 합니다.

또한, 성공적인 온톨로지 유지보수는 기술적인 측면뿐만 아니라 조직적인 거버넌스 구축을 필요로 합니다. 온톨로지 변경은 누가 승인하는가? 변경 요청은 어떤 절차를 통해 접수되고 처리되는가? 업데이트 주기는 어떻게 결정하며, 관련된 이해관계자들과의 소통은 어떻게 이루어지는가? 이러한 거버넌스 관련 질문에 대한 명확한 답과 합의된 절차가 없다면, 시간이 지남에 따라 여러 사람에 의해 비일관적인 수정이 이루어져 온톨로지의 품질이 저하되거나, 실제 활용 시스템과의 정합성이 깨져 활용도가 떨어질 위험이 있습니다. 특히 여러 부서나 기관이 공동으로 온톨로지를 활용하거나 관리하는 경우에는 책임 소재를 명확히 하고 표준화된 유지보수 프로세스를 수립하는 것이 더욱 중요합니다. ODK와 같은 도구는 이러한 프로세스를 기술적으로 지원할 수 있지만, 그 효과를 극대화하기 위해서는 조직적인 합의와 제도적 뒷받침이 선행되어야 합니다.

지금까지 문화예술 공연 및 전시 서비스를 제공하는 기업의 관점에서 온톨로지 구축 과정을 8단계로 나누어 상세히 살펴보았습니다. 온톨로지는 단순히 데이터를 구조화하는 기술을 넘어, 기업이 보유한 지식 자산을 명시화하고, 공유하며, 재사용할 수 있도록 지원하는 강력한 도구입니다. 공연/전시 분야에서 온톨로지를 성공적으로 구축하고 활용한다면, 분산된 데이터의 통합 관리, 지능형 검색 및 추천 서비스 제공, 데이터 기반의 정교한 마케팅 및 의사결정 지원, 나아가 디지털 전환 시대에 새로운 비즈니스 모델을 탐색하고 혁신을 주도하는 전략적 자산이 될 수 있습니다.

제시된 8단계 방법론은 체계적이고 효과적인 온톨로지 구축을 위한 로드맵을 제공합니다. 각 단계에서 도메인 전문가와의 긴밀한 협력, 명확한 목표 설정, 표준 기술 및 도구의 활용, 그리고 반복적인 검증과 개선 과정은 성공적인 온톨로지 구축의 핵심 요소입니다.

온톨로지는 한번 구축하고 끝나는 것이 아니라, 변화하는 비즈니스 환경과 도메인 지식에 발맞춰 지속적으로 관리되고 발전시켜야 하는 '살아있는' 지식 기반입니다. 체계적인 유지보수 계획 수립과 조직적 거버넌스 확보는 온톨로지의 장기적인 가치를 유지하고 극대화하는 데 필수적입니다.

3.5. 온톨로지 편집 및 관리도구

온톨로지를 구축하는 데 사용되는 대표적인 도구는 아래와 같습니다.

- Protégé
  스탠포드 대학에서 개발한 무료 오픈소스 온톨로지 편집기입니다. 사용자 친화적인 인터페이스와 다양한 플러그인을 제공하여 널리 사용되고 있습니다.
- TopBraid Composer
  상용 온톨로지 편집 도구로, 고급 기능과 전문적인 지원을 제공합니다.

- **WebProtégé**
  Protégé의 웹 버전으로, 온라인에서 협업하며 온톨로지를 구축할 수 있습니다.
- **OWLGrEd**
  그래픽 기반의 온톨로지 편집 도구로, 직관적인 시각화 기능을 제공합니다.

① Protégé

Protégé(프로테제)는 온톨로지를 구축하기 위해 가장 널리 사용되는 도구 중 하나로, 스탠퍼드 대학에서 개발한 무료 오픈 소스 온톨로지 편집기이자 지식 관리 시스템입니다. Java를 기반으로 개발되었으며, 확장성이 뛰어나고 플러그인 아키텍처가 간단하지만 복잡한 온톨로지 설계 및 지능형 시스템 구축에 활용할 수 있습니다. Protégé는 홈페이지(https://protege.stanford.edu)에서 다운로드하여 설치하여 사용할 수 있습니다. 또한, 웹 버전은 웹에서 협업적인 온톨로지 구축과 공유가 가능하도록 개발된 플랫폼입니다.

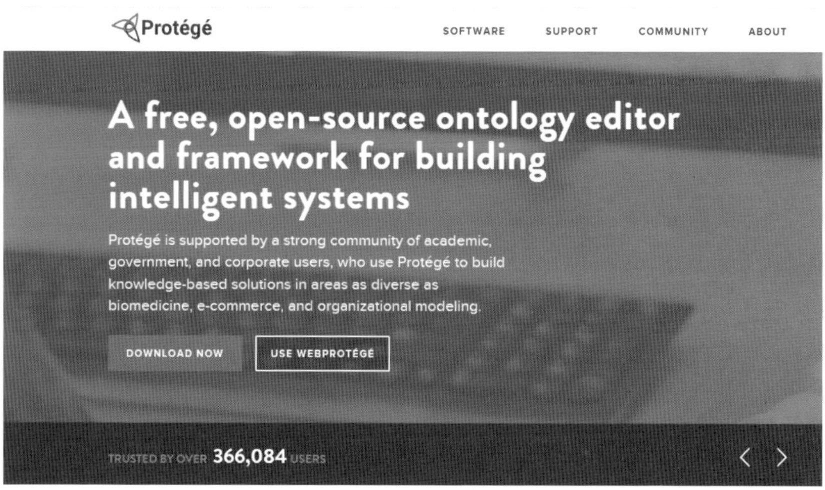

[Protege 웹사이트 화면 예시]

Protégé의 장점으로는 초보자에서 전문가까지 누구나 접근하기 쉬운 그래픽 사용자 인터페이스(GUI)를 제공하여 온톨로지 내의 복잡한 관계와 구조를 시각화하는 것이 용이합니다. 또한, 월드 와이드 웹 컨소시엄(W3C)의 최신 OWL

2 웹 온톨로지 언어 및 RDF 등의 다양한 표준을 지원하고 있습니다. Java를 기반으로 추론 및 시각화 도구와 같은 플러그인을 지원하여 확장성이 높은 환경을 제공하며, 신속한 프로토타입 제작 및 애플리케이션 개발을 위한 유연한 기반을 제공합니다. 또한 많은 사용자로 커뮤니티가 활성화되어 있어 방대한 문서와 문제 해결 및 학습에 도움을 받을 수 있습니다.

다만, 매우 큰 규모의 온톨로지의 경우 GUI와 기본 Java 아키텍처로 인해 성능 문제가 발생할 수 있으며, 일부 맞춤화가 가능하다고는 하지만 기성의 프로그램이다 보니 Python을 이용하여 직접 코딩하는 방식에 비해 유연성이 낮은 편입니다. Protégé는 초보자가 사용하기 쉬우며, 온톨로지의 설계 및 프로토타입 제작에 탁월한 면이 있습니다.

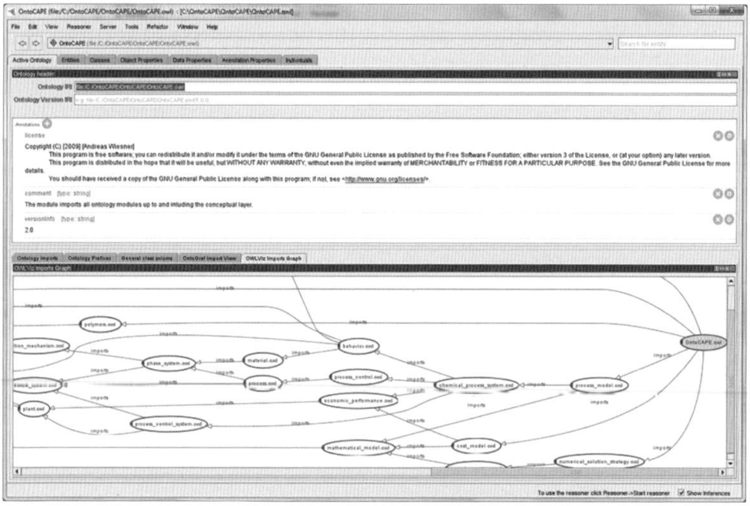

[Protégé 실행 예시[58]]

Protégé는 OWL을 기반으로 하고 있어, 사용되는 구성 요소의 용어가 앞서 온톨로지의 개념에서 소개한 용어와 차이가 있습니다. Protégé에서는 클래스 및 인스턴스(객체) 간의 관계를 Property로 나타내는 방식이 사용됩니다. 이때 Property는 클래스와 인스턴스 간의 관계를 정의하는 중요한 요소로, Object

58) Protégé, https://protege.stanford.edu

Property와 Data Property로 나뉘어 각기 다른 역할을 수행합니다. Object Property는 두 객체 간의 관계를 나타내며, Data Property는 객체의 속성 값을 나타내는 데 사용됩니다. 이러한 차이점은 Protégé에서 온톨로지를 구축하고 사용하는 데 중요한 요소로 작용합니다.

[Protege와 온톨로지 구성요소 비교]

Protégé 구성요소	온톨로지 구성요소	의미
Class	Class	개념, 범주
Individual	Instance	객체 및 실체
Property	Relation	관계

Protégé의 탭 메뉴에서 Entities를 사용하면 온톨로지의 구성 요소인 Class, Property, Individual을 쉽게 생성할 수 있습니다. GUI 기반의 메뉴 구성 덕분에 기본적인 구조 생성은 물론 세부 설정도 간편하게 지정할 수 있습니다. 이를 통해 온톨로지의 주요 구성 요소를 직관적으로 정의하고 관리할 수 있으며, 복잡한 온톨로지 설계도 쉽게 구현할 수 있습니다. Class는 개념을 정의하고, Property는 개념 간의 관계를 정의하며, Individual은 개별 인스턴스를 나타냅니다. 이를 이용해 사용자는 온톨로지의 구조와 관계를 시각적으로 직관적으로 관리할 수 있습니다.

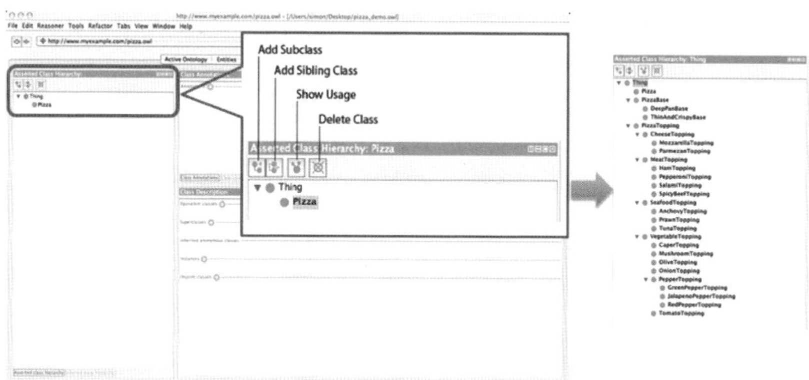

[Protégé 클래스 생성 예시[59]]

59) 네이버 블로그, 온톨로지 모델링 툴! Protégé, https://blog.naver.com/javafile/220938815734

우리는 지금까지 지식그래프의 기반이 되는 온톨로지의 설계와 구축 과정을 살펴보았습니다. 이제부터는 이러한 온톨로지를 바탕으로 실제 지식그래프를 어떻게 구축하고, 저장하며, 운영해 나갈 수 있는지를 구체적으로 살펴보겠습니다. 이를 위해 지식그래프의 전체적인 구축 및 관리 절차, 즉 지식그래프 생명주기에 대해 이해하는 것이 중요합니다.

4

지식그래프 생명주기 : 지식그래프의 구축 및 관리 프로세스

4 지식그래프 생명주기 : 지식그래프의 구축 및 관리 프로세스

온톨로지 설계를 통해 지식의 구조와 의미를 체계적으로 정의했다면, 이제는 이렇게 정립된 온톨로지를 바탕으로 실제 지식그래프를 구축하고 활용하는 단계로 나아갈 차례입니다. 즉, 온톨로지가 지식그래프의 설계도라면, 이제부터는 그 설계도를 따라 데이터를 연결하고 저장하며, 이를 효과적으로 관리하고 다양한 방식으로 활용하기 위한 지식그래프의 생명주기 각 단계에 대해 자세하게 살펴보겠습니다.

다양한 데이터와 정보들로부터 지식을 추출하여 지식그래프를 구축, 저장, 관리 및 활용하는 과정을 지식그래프의 생명주기라고 할 수 있습니다.

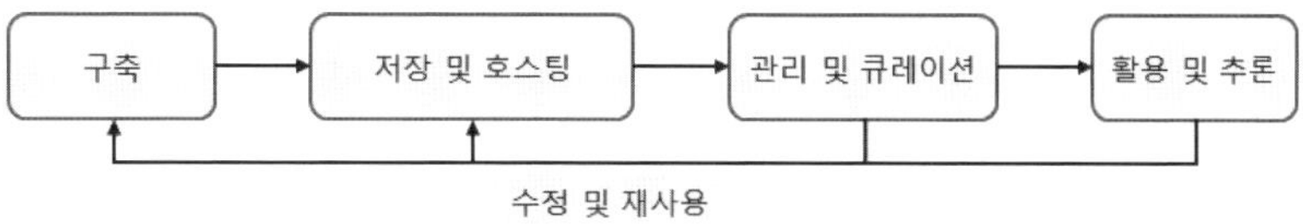

[지식그래프 생명주기]

지식그래프 생명주기의 주요 단계는 아래와 같이 요약할 수 있습니다[60].

60) Umutcan S¸ im¸ sek, et al. (2021) Knowledge Graph Lifecycle: Building and Maintaining Knowledge Graphs

① **구축(Construction / Creation):** 이 단계는 지식그래프를 처음 만드는 과정입니다. 다양한 데이터 소스(source)로부터 정보를 추출하고, 이를 구조화하여 유용한 지식을 생성하는 활동을 포함합니다. 여기에는 지식그래프의 스키마 역할을 하는 온톨로지를 설계하거나 선택하고, 원본 데이터를 RDF와 같은 그래프 형태로 변환하며, 데이터 소스와 온톨로지 간의 매핑 규칙을 정의하는 작업 등이 포함됩니다. 데이터 주석 및 초기 품질 보증 활동도 이 단계에서 이루어질 수 있습니다.

② **저장 및 호스팅(Storage / Hosting):** 생성된 지식그래프 데이터를 효과적으로 저장하고 관리하며 접근할 수 있도록 하는 단계입니다. 이 단계에서는 지식그래프의 특성(예: 데이터 모델, 규모, 쿼리 패턴)에 맞는 적절한 데이터베이스 기술을 선택하는 것이 중요합니다. 일반적으로 RDF 트리플 저장소나 속성 그래프 데이터베이스가 사용됩니다. 선택된 데이터베이스에 구축된 지식그래프 데이터를 로드하고 인덱싱하는 작업이 포함됩니다.

③ **관리 및 큐레이션(Management / Curation):** 이 단계는 지식그래프의 품질을 지속적으로 유지하고 개선하기 위한 핵심적인 과정입니다. 지식그래프는 시간이 지남에 따라 데이터가 변경되거나 새로운 정보가 추가되면서 품질이 저하될 수 있으므로, 큐레이션은 라이프사이클 전반에 걸쳐 중요합니다.

주요 활동은 다음과 같습니다.

- **품질 평가**
  지식그래프의 정확성, 완전성, 일관성, 최신성 등 다양한 품질 차원을 측정하고 평가합니다.
- **정제**
  품질 평가 결과 발견된 오류, 불일치, 노이즈 등을 수정하여 데이터의 정확성을 향상시킵니다.
- **보강 / 완성**
  누락된 정보(개체, 관계, 속성 등)를 추가하거나 추론하여 지식그래프의 완전성을 높입니다. 여기에는 중복된 개체를 식별하고 병합하는 작업도 포함될 수 있습니다.

- **스키마 관리**
  온톨로지 변경 사항을 관리하고 데이터와의 일관성을 유지합니다.
- **버전 관리**
  지식그래프의 변경 이력을 추적하고 특정 시점의 상태를 관리합니다.
- **보안 및 접근 통제**
  민감한 정보에 대한 접근 권한을 관리하고 데이터 보안을 유지합니다.

④ **활용 및 추론 (Utilization / Deployment / Consumption):** 저장되고 관리되는 지식그래프를 실제 애플리케이션에서 활용하는 단계입니다. 이는 시맨틱 검색, 추천 시스템, 질의응답 시스템 등에 지식그래프를 연동하여 사용자에게 가치를 제공하는 것을 의미합니다. 또한, 저장된 지식을 기반으로 추론 엔진을 사용하여 명시적으로 표현되지 않은 새로운 사실이나 관계를 발견하고 지식그래프를 확장하는 활동도 이 단계에 포함됩니다.

이러한 단계들은 엄격하게 순차적으로 진행되기보다는, 요구사항의 변화, 새로운 데이터 소스의 추가, 품질 개선의 필요성 등에 따라 반복적으로 수행되는 순환적인 또는 반복적인 성격을 가집니다. 예를 들어, 활용 단계에서 새로운 요구사항이 발생하면 다시 구축 단계로 돌아가 필요한 데이터를 추가하거나 스키마를 수정할 수 있으며, 큐레이션 과정에서 발견된 품질 문제는 정제 및 보강 활동으로 이어집니다.

이 라이프사이클 모델은 지식그래프 프로젝트가 단순한 일회성 구축 작업이 아님을 명확히 보여줍니다. 성공적인 지식그래프 운영을 위해서는 초기 구축 노력만큼이나 데이터 품질 유지, 스키마 관리, 최신성 확보 등 지속적인 '관리'와 '개선' 프로세스가 필수적입니다. 이는 지식그래프를 단순한 기술 파이프라인이 아닌, 장기적인 관점에서 운영하고 유지보수해야 하는 전략적 자산으로 인식해야 함을 의미합니다. 따라서 기업은 지식그래프 도입 시 초기 구축뿐만 아니라, 큐레이션 및 관리를 위한 지속적인 자원(인력, 도구, 예산) 투입과 명확한 거버넌스 체계 수립을 계획해야 합니다[61].

아래에서는 지식그래프 구축을 위한 데이터 처리부터 활용 및 추론까지를 단계별로 자세하게 살펴보도록 하겠습니다.

4.1. 데이터 수집 및 전처리

4.1.1. 데이터 수집

지식그래프 구축의 첫걸음은 해당 도메인 및 주제에 맞는 신뢰성 있는 데이터를 수집하는 것입니다. 이를 위해 데이터 수집 범위를 설정하고, 수집 대상을 선정해야 합니다. 데이터 수집 방법은 다음과 같습니다.

- 내부 데이터베이스 활용: 이미 보유하고 있는 내부 데이터베이스를 활용하면 데이터 수집에 필요한 시간과 비용을 절약할 수 있습니다. 내부 데이터베이스에는 조직 내 정책 문서, 보고서, 시스템 로그 등이 포함될 수 있습니다.
- 공개 데이터 셋 활용: 다양한 공공 데이터 포털에서 제공하는 공개된 데이터셋을 활용할 수 있습니다.
  - 공공 데이터 포털: https://www.data.go.kr/
  - AI-Hub: https://aihub.or.kr/
  - 구글 데이터셋 검색: https://datasetsearch.research.google.com/
  - 캐글: https://www.kaggle.com/
- 웹 크롤링 및 OCR: 원하는 데이터셋이 없을 경우, 웹 크롤링을 통해 필요한 데이터를 직접 수집해야 합니다. 웹에서 정보 수집이 가능하며, 문서 및 이미지(PDF, JPG 등)에서 데이터를 추출하는 방법으로 OCR(Optical Character Recognition; 광학 문자 인식)을 활용할 수 있습니다.

61) Knowledge graph ops, Common challenges and solutions for knowledge graph operations, https://knowledgegraphops.com/article/Common_challenges_and_solutions_for_knowledge_graph_operations.htm

4.1.2. 데이터 정제 및 전처리

수집된 데이터는 원활한 처리를 위해 정제 및 전처리 과정을 거칩니다. 특히 자연어 텍스트 데이터의 경우 전처리 과정이 매우 중요합니다, 자연어 처리 기법을 사용하며 전처리 과정은 다음과 같습니다:

① **토큰화(Tokenization):** 문서 및 문장을 단어 또는 더 작은 단위(토큰)로 분리하는 과정입니다.

② **정제(Cleaning):** 불필요한 문자, 기호, 특수 문자 등을 제거하고, 오류 데이터를 수정하는 단계입니다.

③ **어간 및 표제어 추출(Stemming & Lemmatization):** 단어의 어간 또는 표제어를 추출하여 단어의 형태를 통일시키는 작업입니다.

④ **불용어 처리(Stop Word Removal):** 분석에 불필요한 단어를 제거하는 과정입니다.

⑤ **상호참조해결(Co-Reference Resolution):** 다양한 문서나 출처에서 동일한 개념이 서로 다른 표현으로 등장하는 경우, 이를 하나의 개체로 인식하는 작업입니다. 동일 개념이 여러 개체로 중복 생성되지 않도록 하는 과정으로, 이를 해결하기 위해 다음과 같은 방법을 활용할 수 있습니다.

- **레벤슈타인(Levenshtein) 거리**[62]
  두 문자열 간의 최소 편집 거리를 계산하는 방식으로, 한 문자열을 다른 문자열로 바꾸기 위해 필요한 삽입, 삭제, 치환 연산의 최소 횟수를 계산합니다.
- **코사인 유사도(Cosine Similarity)**[63]
  두 벡터(예: 문서, 문장 등)의 방향이 얼마나 비슷한지를 측정하는 방법입니다. 크기 상관없이 각도만을 기준으로 유사도를 계산합니다.
- **사전 기반 매핑**
  도메인별로 정의된 동의어 사전이나 약어-원어 매핑 테이블을 활용해 정규

62) Levenshtein 거리는 두 문자열 간의 최소 편집 거리를 의미한다. 즉, 한 문자열을 다른 문자열로 바꾸기 위해 필요한 삽입, 삭제, 치환 연산의 최소 횟수를 계산하는 방식이다.

63) Cosine Similarity (코사인 유사도)는 두 벡터(예: 문서, 문장 등)가 방향이 얼마나 비슷한지를 측정하는 방법이다. 크기는 상관하지 않고 각도만 본다는 게 핵심이다.

표현으로 치환하는 방법입니다.

- **IRI(Internationalized Resource Identifier) 정규화 및 대체 표현 관리**
  각 개체에 고유한 식별자를 부여하고, 동의어나 약어는 별도의 속성으로 등록하여 다양한 표현을 포괄하는 방식입니다.

4.2. 지식그래프 구축

앞서 데이터의 수집과 전처리 과정을 통해 분석과 활용을 위한 준비가 완료되었습니다. 이제 본격적으로, 전처리된 데이터를 바탕으로 지식그래프를 구축하는 단계로 넘어가보겠습니다.

지식그래프 구축 단계는 다양한 형태의 데이터 소스로부터 정보를 추출하고, 이를 구조화하여 기계가 이해하고 처리할 수 있는 지식그래프 형태로 만드는 전체 과정을 의미합니다. 이 단계의 궁극적인 목표는 현실 세계의 복잡한 정보와 지식을 연결된 그래프 구조로 표현하여, 데이터 통합, 분석, 추론 등 후속 활용 단계의 기반을 마련하는 것입니다. 지식그래프 구축은 단순히 데이터를 변환하는 기술적인 작업을 넘어, 자연어 처리, 데이터 통합, 지식 표현, 지식 관리 등 여러 분야의 전문 지식이 융합되어야 하는 다학제적인 작업입니다.

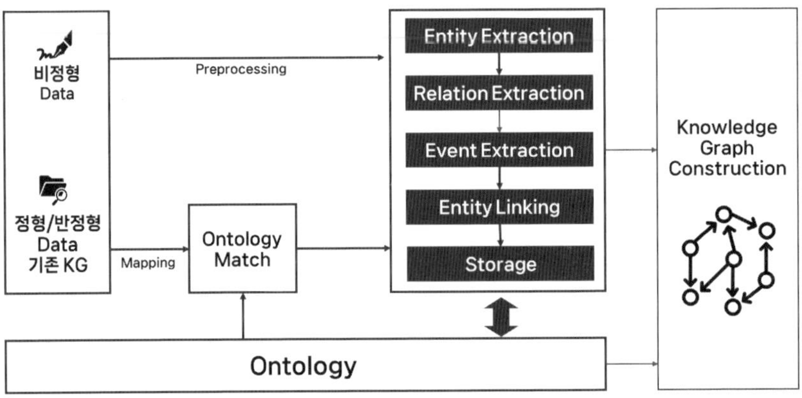

[지식그래프 구축 과정]

위 그림은 비정형 데이터와 정형·반정형 데이터를 기반으로 지식그래프를 구축하는 전체적인 프로세스를 개괄적으로 보여주는 흐름도입니다. 각 단계에서 수행되는 구체적인 작업은 아래에서 순차적으로 자세히 설명드리겠습니다.

4.2.1. 데이터 소스 유형

지식그래프는 본질적으로 다양한 출처와 형태의 데이터를 통합하는 것을 목표로 합니다. 성공적인 지식그래프 구축을 위해서는 활용 가능한 데이터 소스의 유형과 특성을 이해하는 것이 중요합니다. 주요 데이터 소스의 유형으로는 비정형데이터, 반정형 데이터, 정형 데이터, 기존 지식그래프가 있습니다.

- **비정형 데이터**
  고정된 데이터 모델이나 명확한 구조 없이 생성되는 데이터입니다. 가장 대표적인 예는 자연어 텍스트 문서로, 뉴스 기사, 연구 논문, 이메일, 웹 페이지 내용, 소셜 미디어 게시물 등이 여기에 해당합니다[64]. 텍스트 외에도 이미지, 오디오, 비디오 파일 등 다양한 멀티미디어 데이터도 비정형 데이터에 포함될 수 있으며, 이러한 데이터로부터 지식을 추출하기 위해서는 특화된 기술이 필요합니다. 비정형 데이터는 정보량이 방대하지만, 구조화되어 있지 않아 지식 추출에 가장 많은 노력이 요구됩니다.
- **반정형 데이터**
  완전한 스키마를 갖추지는 않았지만, 데이터 내에 태그나 마커 등을 통해 어느 정도의 구조적 정보를 포함하는 데이터입니다. 대표적인 예로는 웹 페이지를 구성하는 HTML, 데이터 교환 형식으로 널리 사용되는 JSON과 XML 그리고 시스템 로그 파일 등이 있습니다. 반정형 데이터는 내재된 구조 정보를 활용하여 비교적 용이하게 정보를 추출하고 변환할 수 있습니다.
- **정형 데이터**
  명확하고 엄격한 스키마에 따라 고정된 필드에 저장되는 데이터입니다. 가

64) Marvin Hofer et al. (2023), Construction of Knowledge Graphs: Current State and Challenges, https://www.mdpi.com/2078-2489/15/8/509

장 일반적인 예는 관계형 데이터베이스(Relational Database: RDB)이며, 그 외에도 CSV 파일이나 스프레드시트 등이 정형 데이터에 속합니다. 정형 데이터는 이미 구조화되어 있기 때문에, 정의된 스키마와 매핑 규칙을 통해 비교적 직접적으로 지식그래프로 변환할 수 있습니다.

- **기존 지식그래프**

  이미 구축되어 공개적으로 사용 가능하거나 내부적으로 활용 중인 다른 지식그래프들도 중요한 데이터 소스가 될 수 있습니다. 대표적인 공개 지식그래프로는 DBpedia, Wikidata, YAGO, Freebase 등이 있으며, 이러한 외부 지식그래프를 통합하거나 연결함으로써 구축하려는 지식그래프의 범위와 깊이를 확장할 수 있습니다.

이처럼 지식그래프는 매우 이질적인 데이터 소스들을 통합하는 것을 전제로 합니다[65]. 이는 지식그래프 구축의 가장 큰 기술적 과제 중 하나인 동시에, 다양한 정보를 한데 모아 연결하고 분석함으로써 새로운 통찰력을 얻을 수 있다는 지식그래프의 핵심적인 가치를 창출하는 원천이기도 합니다. 각 데이터 소스의 유형과 구조적 특성이 다르기 때문에, 단일한 방법론으로는 모든 데이터를 효과적으로 처리하기 어렵습니다.

따라서 성공적인 지식그래프 구축을 위해서는 각 데이터 유형에 맞는 적절한 추출 및 변환 기술을 선택하고 조합하는 것이 필수적입니다. 예를 들어, 비정형 텍스트에는 정보 추출 기술이, 정형 데이터베이스에는 R2RML[66](RDB to RDF Mapping Language)과 같은 매핑 언어가, 반정형 데이터에는 RML[67](RDF Mapping Language)과 같은 확장된 매핑 언어가 주로 사용됩니다. 이러한 기술적 다양성은 지식그래프 구축 프로젝트가 복잡하고 여러 분야의 전문성을 요구하는 이유이기도 합니다.

---

65) Marvin Hofer et al. (2023), Construction of Knowledge Graphs: Current State and Challenges, https://www.mdpi.com/2078-2489/15/8/509

66) https://www.w3.org/TR/r2rml/

67) https://rml.io/specs/rml/

4.2.2. 비정형 데이터로부터 구축: 정보 추출

비정형 데이터, 특히 방대한 양의 텍스트 문서에서 지식을 추출하는 것은 지식그래프 구축의 핵심적인 과제 중 하나입니다. 정보 추출은 이러한 비정형 텍스트에서 개체 관계, 이벤트와 같은 구조화된 정보를 자동으로 식별하고 추출하는 프로세스를 의미합니다[68]. 정보 추출은 지식그래프의 노드와 엣지를 생성하는 기본적인 재료를 제공합니다. 주요 정보 추출 기술은 다음과 같습니다.

4.2.2.1. 개체 추출(Entity Extraction)

개체명 인식(Named Entity Extraction: NER)은 텍스트 내에서 인명(Person), 지명(Location), 기관명(Organization), 날짜(Date), 시간(Time), 금액(Money), 비율(Percent) 등 미리 정의된 범주에 속하는 고유한 이름이나 명칭, 즉 개체명(Named Entity)을 찾아내고 그 유형을 분류하는 작업입니다.

예를 들어, "Apple Inc.는 캘리포니아[LOC] 쿠퍼티노[LOC]에 본사를 두고 있다."라는 문장에서 각 괄호 안의 레이블처럼 개체명을 식별하고 분류합니다[69]. 지식그래프 구축에서의 개체명 인식의 역할은 지식그래프를 구성하는 기본 단위인 노드(개체)를 텍스트에서 식별하는 첫 단계입니다. 주요 방법론은 크게 세 가지 접근 방식으로 발전해 왔습니다.

- **규칙 기반(Rule-based) 접근**

  초기의 채게명 인식 시스템은 언어학적 규칙(예: 대문자 시작, 특정 접미사)이나 사전에 구축된 목록을 활용하여 개체명을 인식하는 수작업 규칙에 의존했습니다. 이 방식은 특정 도메인에서는 높은 정확도를 보일 수 있으나, 규칙 작성에 많은 노력이 필요하고 새로운 유형의 개체명이나 다른 도메인에 대한 일반화 성능이 떨어지는 단점이 있습니다.

---

68) Aidan Hogan et al. (2021), Knowledge Graphs, https://arxiv.org/pdf/2003.02320

69) Julio Amador Diaz Lopez (2024), A survey on cutting-edge relation extraction techniques based on language models

- **통계적 기계 학습(Statistical Machine Learning) 기반 접근**
  대규모의 레이블된 데이터를 사용하여 모델을 학습시키는 방식입니다. 은닉 마르코프 모델(Hidden Markov Model: HMM), 최대 엔트로피 모델(Maximum Entropy Model: MaxEnt), 서포트 벡터 머신(Support Vector Machine: SVM), 조건부 랜덤 필드(Conditional Random Field: CRF) 등이 대표적인 알고리즘입니다. 이 방식은 규칙 기반보다 일반화 성능이 우수하지만, 여전히 특징 공학(feature engineering), 즉 모델 학습에 유용한 특징을 수작업으로 설계하고 추출하는 과정이 중요했습니다.
- **딥러닝(Deep Learning) 기반 접근**
  최근 개체명 인식 연구의 주류를 이루는 방식으로, 순환 신경망(Recurrent Neural Network; RNN), 특히 LSTM(Long Short-Term Memory)이나 GRU(Gated Recurrent Unit), 합성곱 신경망(Convolutional Neural Network: CNN), 그리고 트랜스포머(Transformer) 아키텍처 등을 활용합니다. 딥러닝 모델은 단어 임베딩과 문자 임베딩 등 분산 표현을 통해 단어의 의미와 문맥 정보를 효과적으로 학습하며, 특징 공학의 필요성을 크게 줄이고 최첨단 성능을 달성했습니다.

4.2.2.2. 관계 추출(Relation Extraction; RE)

관계 추출은 텍스트 내에서 개체명 인식을 통해 식별된 개체들 사이의 의미론적 관계를 찾아내고, 미리 정의된 관계 유형으로 분류하는 작업입니다. 예를 들어, "버락 오바마는 하와이에서 태어났다"라는 문장에서 (Barack Obama, PlaceOfBirth, Hawaii)라는 관계 트리플을 추출하는 것입니다.

지식그래프 구축에서의 관계 추출의 역할은 지식그래프에서 개체 노드들을 의미론적으로 연결하는 엣지를 생성하는 역할을 합니다. 주요 방법론은 관계 추출 역시 개체명 인식과 유사한 기술 발전 과정을 거쳤습니다. 규칙 기반 시스템, 통계적 기계 학습, 그리고 딥러닝 기반 모델(CNN, RNN, Attention, Graph Neural Network(GNN), Transformer 등)이 사용됩니다[70]. 학습 데

70) XIAOYAN ZHAO et al. (2024), A Comprehensive Survey on Relation Extraction: Recent Advances and New Frontiers, https://arxiv.org/pdf/2306.02051

이터 확보 방식에 따라 다음과 같이 패러다임이 나뉩니다.

- **지도 학습(Supervised Learning)**
  관계 유형이 레이블링된 대규모 데이터를 사용하여 모델을 학습시킵니다. 높은 정확도를 기대할 수 있지만 데이터 구축 비용이 많이 듭니다.
- **원거리 감독(Distant Supervision)**
  기존 지식그래프(예: Freebase, Wikidata)를 활용하여 학습 데이터를 자동으로 생성하는 방식입니다. 예를 들어, KG에 (Barack Obama, PlaceOfBirth, Hawaii)라는 사실이 있다면, 텍스트에서 "Barack Obama"와 "Hawaii"가 함께 등장하는 모든 문장을 PlaceOfBirth 관계의 예시로 간주합니다. 대규모 데이터 생성이 용이하지만, 문맥상 실제 관계를 나타내지 않는 경우에도 레이블이 부여되는 '잘못된 레이블링(wrong labeling)' 문제가 발생할 수 있습니다.
- **비지도/개방형 정보 추출(Unsupervised/Open Information Extraction; OpenIE)**
  미리 정의된 관계 유형 없이 텍스트에서 개체 쌍과 그들을 연결하는 관계 구문을 자유롭게 추출하는 방식입니다. 예를 들어, "(entity1, 'is the capital of', entity2)"와 같이 관계를 텍스트 자체에서 발견합니다. 새로운 관계를 발견할 수 있는 장점이 있지만, 추출된 관계 구문이 다양하고 중복될 수 있어 정규화 및 통합 과정이 필요합니다.

관계 추출의 접근 방식은 개체명 인식과 관계 추출을 별도의 단계로 수행하는 파이프라인 방식과, 두 작업을 하나의 모델에서 동시에 처리하는 개체-관계 공동 추출 방식이 있습니다. 공동 추출 방식은 파이프라인 방식에서 발생할 수 있는 오류 전파 문제를 완화하는 데 도움이 될 수 있습니다. 또한, 문장 수준을 넘어 문서 전체의 정보를 활용하여 관계를 추출하는 문서 수준 관계 추출 연구도 활발히 진행 중입니다.

4.2.2.3. 이벤트 추출(Event Extraction: EE)

이벤트 추출은 텍스트에서 특정 유형의 사건이나 상황의 발생을 인지하고, 해당 사건과 관련된 구조화된 정보를 추출하는 작업입니다. 추출되는 정보에는 사건을 가장 잘 나타내는 단어, 사건의 유형 그리고 사건에 참여하는 개체들과 그들의 역할 등이 포함됩니다. 예를 들어, "회사는 15억 달러에 전자의 지분을 인수했다"는 문장에서 '인수했다'를 '투자' 유형의 이벤트 트리거로 식별하고, '회사'를 '주체' 역할의 인자로, '전자의 지분'을 '대상' 역할의 인자로 추출할 수 있습니다[71].

지식그래프 구축에서의 이벤트 추출의 역할은 단순한 개체-관계 연결을 넘어, 사건 발생 시간, 장소, 참여자, 방식 등 더 풍부하고 복잡한 정보를 구조화하여 지식그래프에 표현할 수 있게 해줍니다. 이는 특정 사건 중심의 분석이나 추론을 가능하게 합니다. 주요 방법론은 전통적으로 이벤트 추출에서 이벤트 트리거와 인자를 식별하는 순차 레이블링 문제로 다루어졌습니다[72]. 하지만 최근에는 딥러닝 기술의 발전에 힘입어 다양한 접근 방식이 시도되고 있습니다.

- **질의응답 기반 접근**
  이벤트 인자 역할을 질문 형태로 변환하고(예: "누가 인수했는가?", "무엇을 인수했는가?"), 질의응답(Q&A) 모델을 사용하여 텍스트에서 답변(인자)을 찾는 방식입니다.
- **생성 모델 기반 접근**
  이벤트 정보를 특정 템플릿이나 형식(예: JSON, 파이썬 클래스 객체)에 맞춰 텍스트로 생성하도록 모델을 학습시키는 방식입니다.
- **그래프 기반 접근**
  문장의 구문 구조나 개체 간의 관계를 그래프로 모델링하고, 그래프 신경

71) Zeyu Sheng et al. (2023), Improving Cascade Decoding with Syntax-aware Aggregator and Contrastive Learning for Event Extraction

72) Étienne Simon et al. (2025), Generative Approaches to Event Extraction: Survey and Outlook

망 등을 활용하여 이벤트 정보를 추출하는 방식입니다.

- **대규모 언어 모델 활용**

  LLM의 강력한 언어 이해 및 생성 능력을 활용하여 이벤트 정보를 직접 추출하거나, 데이터 주석 생성, few-shot/zero-shot 학습 등에 적용하려는 연구가 활발합니다.

4.2.2.4. 개체 연결(Entity Linking: EL)

개체 연결은 텍스트 내에서 식별된 개체 언급을 기존의 지식 베이스나 지식 그래프 내에 존재하는 고유한 개체와 연결 또는 매핑하는 작업입니다. 이는 텍스트 상의 모호성을 해결하는 과정입니다. 예를 들어, "마이클 조던"이라는 언급이 농구선수를 의미하는지, 아니면 동명이인의 수학자를 의미하는지를 문맥을 통해 파악하고 해당 지식그래프의 개체와 연결합니다.

지식그래프 구축에서의 개체 연결의 역할은 개체명 인식, 관계 추출 및 이벤트 추출을 통해 추출된 개체 정보를 기존 지식그래프와 일관성 있게 통합하는 데 필수적입니다. 이를 통해 지식그래프 내 정보의 정확성을 높이고, 다양한 출처의 정보를 동일한 개체를 중심으로 연결하여 지식의 풍부함을 더합니다. 주요 방법론은 개체 연결 프로세스는 일반적으로 두 단계로 구성됩니다[73].

- **후보 생성**

  텍스트 내 개체 언급에 대해, 해당 언급이 참조할 가능성이 있는 지식그래프 내의 개체 목록(후보 집합)을 생성합니다. 이는 주로 언급된 이름과 지식그래프 내 개체 이름(및 별칭) 간의 표면 형태 일치나 사전 확률 등을 기반으로 이루어집니다[74].

73) Wei Shen et al. (2021), Entity Linking Meets Deep Learning: Techniques and Solutions, https://arxiv.org/pdf/2109.12520

74) Özge Sevgili et al. (2022), Neural Entity Linking: A Survey of Models Based on Deep Learning, https://arxiv.org/pdf/2006.00575

- **후보 랭킹 및 중의성 해소**

  생성된 후보 개체들 중에서 문맥 정보, 개체의 인기도, 문서 내 다른 개체들과의 의미적 일관성 등을 종합적으로 고려하여 가장 적합한 개체를 선택합니다. 딥러닝 기반 모델들은 개체 언급의 문맥과 후보 개체의 설명 또는 주변 그래프 구조를 임베딩하여 유사도를 계산하고 순위를 매기는 방식을 주로 사용합니다. 또한, KB에 해당 개체가 존재하지 않는 경우를 예측하는 기능도 중요합니다.

- **대규모 언어 모델의 활용**

  최근에는 정보 추출 파이프라인 전반에 걸쳐 LLM을 활용하려는 시도가 증가하고 있습니다. LLM은 강력한 문맥 이해 능력을 바탕으로, 별도의 학습 없이도 프롬프팅을 통해 텍스트에서 직접 노드와 관계를 추출하거나, 개체 식별, 관계 분류, 이벤트 인자 추출 등의 작업을 수행할 수 있습니다. 특히, 소량의 예시만으로도 학습이 가능한 few-shot 학습이나 예시 없이도 작업 수행이 가능한 zero-shot 학습 능력은[75] 레이블된 데이터가 부족한 상황에서 지식그래프 구축의 어려움을 완화할 잠재력을 보여줍니다. 그러나 LLM이 생성하는 결과의 형식이 항상 일정하지 않거나[76], 추출된 정보의 근거를 추적하기 어렵고, 때로는 사실과 다른 정보를 생성하는 환각 현상을 보이는 등의 문제점도 함께 고려해야 합니다.

정보 추출 기술, 특히 딥러닝과 LLM의 발전은 지식그래프 구축의 자동화 수준과 성능을 크게 향상시켰습니다. 그러나 이러한 발전은 동시에 새로운 과제를 제시하기도 합니다. 예를 들어, 학습 데이터에 내재된 편향이 모델에 의해 학습되고 증폭될 수 있으며[77], LLM 기반 추출 결과의 신뢰성 확보 및 검증이 중요한 문제로 부각되고 있습니다. 따라서 현대적인 지식그래프 구축에서는 단

75) GitHub, A Paper List of Low-resource Information Extraction, https://github.com/zjunlp/Low-resource-KEPapers

76) Neo4j, Constructing Knowledge Graphs From Unstructured Text Using LLMs, https://neo4j.com/blog/developer/construct-knowledge-graphs-unstructured-text/

77) Angelie Kraft1 and Ricardo Usbeck (2022), The Lifecycle of "Facts": A Survey of Social Bias in Knowledge Graphs

순히 성능이 높은 기술을 선택하는 것을 넘어, 추출된 결과의 품질 검증, 잠재적 편향성 검토, 그리고 사용된 기술의 신뢰성 확보 방안 마련 등 관리적이고 윤리적인 측면까지 고려하는 통합적인 접근이 요구됩니다.

또한,개체명 인식, 관계 추출, 이벤트 추출 그리고 개체 연결은 개념적으로는 구분되는 작업이지만, 실제 지식그래프 구축 과정에서는 서로 밀접하게 연관되어 영향을 주고받습니다. 예를 들어, 개체명 인식 단계에서 개체를 잘못 식별하면 후속 단계인 관계 추출이나 이벤트 추출 단계에서 오류가 발생할 가능성이 높습니다.

반대로, 관계 추출을 통해 밝혀진 관계 정보는 개체 연결 단계에서 개체의 중의성을 해소하는 데 도움을 줄 수 있습니다. 이러한 상호 의존성 때문에, 각 단계를 독립적으로 수행하는 파이프라인 방식은 초기 단계의 오류가 후속 단계로 전파되어 증폭될 수 있다는 단점을 가집니다. 이를 극복하기 위해 개체명 인식과 관계 추출을 동시에 수행하는 공동 추출 모델이나, 여러 정보 추출 작업을 통합적으로 처리하려는 연구가 활발히 진행되고 있습니다. 이는 지식그래프 구축의 정확도를 높이기 위해서는 개별 정보 추출 작업의 성능뿐만 아니라 이들 간의 상호작용을 고려한 통합적인 접근 방식이 중요함을 시사합니다.

다음 표는 주요 정보 추출 작업들의 정의, 지식그래프 구축에서의 역할, 그리고 주요 방법론을 요약하여 보여줍니다.

[정보 추출(IE) 작업 개요]

작업	정의	KG 구축에서의 목표	주요 방법론
개체명 인식 (NER)	텍스트에서 인명, 지명 등 미리 정의된 유형의 개체명 언급 식별 및 분류.	KG의 노드(개체) 식별.	규칙 기반, 통계적 ML(CRF 등), 딥러닝(RNN, Transformers).
관계 추출 (RE)	텍스트 내 식별된 개체들 사이의 의미론적 관계 식별 및 분류.	KG의 엣지(관계) 생성.	지도 학습, 원거리 감독, OpenIE, 딥러닝(CNN, RNN, GNN, Transformers), 공동 추출

작업	정의	KG 구축에서의 목표	주요 방법론
이벤트 추출 (EE)	텍스트에서 특정 사건 발생 식별 및 관련 정보(트리거, 유형, 인자, 역할) 추출.	풍부한 속성을 가진 이벤트 노드 생성.	순차 레이블링, QA 기반, 생성 모델, 그래프 기반, LLM 활용
개체 연결 (EL)	텍스트 내 개체 언급을 지식 베이스 내 고유 개체에 연결 및 중의성 해소.	추출된 정보를 기존 KG와 일관성 있게 통합	후보 생성 및 랭킹, 딥러닝(문맥/개체 임베딩 활용), 전역 일관성 고려

4.2.3. 정형/반정형 데이터로부터 구축

지식그래프는 비정형 텍스트뿐만 아니라, 이미 어느 정도 구조를 갖춘 정형 데이터나 반정형 데이터로부터도 구축될 수 있습니다. 이러한 데이터 소스로는 관계형 데이터베이스(RDB), CSV 파일, JSON, XML 문서 등이 대표적입니다. 이들 데이터로부터 지식그래프를 구축하는 핵심 과정은 원본 데이터의 구조와 지식그래프의 목표 스키마 간의 변환 규칙을 정의하는 매핑 작업입니다[78]. 매핑 규칙을 실행하여 지식그래프를 생성하는 방식에는 다음과 같이 크게 두 가지로 분류할 수 있습니다.

- **구체화**

  원본 데이터 전체를 읽어 RDF 트리플 형태의 지식그래프를 미리 생성하여 저장하는 방식입니다. 이는 ETL(Extract, Transform, Load) 접근 방식과 유사하며, 생성된 그래프에 대한 쿼리 성능이 빠르다는 장점이 있습니다.
- **가상화**

  원본 데이터는 그대로 두고, 사용자가 지식그래프에 대해 쿼리를 실행할 때 실시간으로 쿼리를 원본 데이터 소스의 쿼리(예: SQL)로 변환하여 실행하고 결과를 RDF 형태로 반환하는 방식입니다. 데이터 중복 저장을 피하고 항상 최신 데이터를 반영할 수 있지만, 쿼리 시 변환 오버헤드가 발생할 수 있습니다. 이 보고서는 주로 구체화 방식에 초점을 맞춥니다.

78) Datatracker, Knowledge Graph Construction from Network Data Sources, https://datatracker.ietf.org/doc/draft-marcas-nmop-kg-construct/

정형·반정형 데이터로부터 지식그래프를 구축하는 과정에서 활용되는 매핑 언어는 데이터 소스와 목표 온톨로지 간의 변환 규칙을 선언적으로 기술하는 언어가 사용됩니다. 선언적 방식은 변환 로직을 명시적으로 표현하여 이해와 유지보수가 용이하다는 장점이 있습니다.

4.2.3.1. 정형 데이터 구축

R2RML(RDB to RDF Mapping Language)는 관계형 데이터베이스 스키마를 RDF 어휘로 매핑하기 위한 W3C 표준 권고안입니다[79]. R2RML 매핑 문서는 그 자체로 RDF 그래프이며, 주로 Turtle 구문으로 작성됩니다. 핵심 구성 요소는 다음과 같습니다.

- **논리적 테이블(Logical Table)**
  매핑의 기반이 되는 데이터 단위로, 데이터베이스의 테이블, 뷰 또는 사용자가 정의한 SQL 쿼리 결과가 될 수 있습니다.
- **트리플 맵(Triples Map)**
  하나의 논리적 테이블에 대응되며, 해당 테이블의 각 행을 하나 이상의 RDF 트리플로 변환하는 규칙의 집합입니다.
- **주어 맵(Subject Map)**
  테이블의 행으로부터 트리플의 주어가 될 RDF 자원을 생성하는 방법을 정의합니다. 주로 기본 키 컬럼을 사용하여 고유한 IRI를 생성합니다[80]. 주어 맵 내에서 해당 자원의 RDF 타입(rdf:type)을 지정할 수도 있습니다(rr:class).
- **술어-객체 맵(Predicate-Object Map)**
  주어에 연결될 술어와 객체 쌍을 정의합니다. 하나 이상의 술어 맵과 하나 이상의 객체 맵(또는 참조 객체 맵)으로 구성됩니다.

---

79) Juli´an Arenas-Guerrero, et al. (2021), Knowledge Graph Construction with R2RML and RML: An ETL System-based Overview

80) W3C, R2RML: RDB to RDF Mapping Language, https://www.w3.org/TR/r2rml/

- **술어 맵(Predicate Map)**
  트리플의 술어가 될 IRI를 생성하는 방법을 정의합니다. 고정된 IRI를 사용하거나 테이블 컬럼 값 기반으로 생성할 수 있습니다.
- **객체 맵(Object Map)**
  트리플의 객체가 될 RDF 자원(IRI, Blank Node) 또는 리터럴 값을 생성하는 방법을 정의합니다. 컬럼 값, 상수 값, 또는 템플릿 기반으로 생성할 수 있습니다. 리터럴의 경우 데이터 타입(rr:datatype)이나 언어 태그(rr:language)를 지정할 수 있습니다.
- **참조 객체 맵(Referencing Object Map)**
  다른 트리플 맵에서 생성된 주어를 현재 트리플의 객체로 참조하여 개체 간의 연결을 생성합니다. 이는 주로 데이터베이스의 외래 키 관계를 RDF 관계로 변환하는 데 사용됩니다. 조인 조건(rr:joinCondition)을 명시하여 연결할 행을 지정합니다.

R2RML 처리 엔진은 R2RML 매핑 규칙을 해석하고 RDB 데이터를 읽어 RDF 트리플을 생성하는 소프트웨어입니다. Ontop, Morph-RDB, SDM-RDFizer 등이 있으며, 이들은 구체화 또는 가상화 전략을 구현합니다.

4.2.3.2. 반정형 데이터 구축

RML(RDF Mapping Language)은 R2RML의 핵심 개념을 확장하여 관계형 데이터베이스뿐만 아니라 JSON, XML, CSV 등 다양한 형식의 데이터 소스를 처리할 수 있도록 설계된 매핑 언어입니다. 38RML은 이종 데이터 통합을 위한 사실상의 표준으로 자리 잡고 있습니다[81]. 주요 확장 개념은 다음과 같습니다.

- **논리적 소스**
  RML은 R2RML의 '논리적 테이블' 개념을 일반화하여 다양한 데이터 소스

81) Juli´an Arenas-Guerrero et al. (2021), Knowledge Graph Construction with R2RML and RML: An ETL System-based Overview, https://openreview.net/forum?id=vz5u6Ji1Gkd

를 참조할 수 있는 '논리적 소스'를 정의합니다[82]. 논리적 소스는 데이터의 위치(파일 경로, URL)와 데이터 형식(JSON, XML, CSV)을 명시합니다.

- **반복자**

  논리적 소스 내에서 매핑의 기본 단위가 되는 데이터 요소(JSON 객체 배열의 각 객체, XML의 특정 반복 요소)를 지정하는 방법을 제공합니다. 이는 주로 해당 데이터 형식에 맞는 경로 표현식을 사용하여 정의됩니다.

- **참조 공식화**

  논리적 소스 내의 특정 데이터 값에 접근하기 위한 방법을 정의합니다. 예를 들어, JSON 데이터에는 JSONPath를, XML 데이터에는 XPath를 사용하여 원하는 값을 추출하고 이를 주어, 술어, 객체 맵에서 활용합니다.

RML 처리 엔진은 RML 매핑 규칙을 처리하여 다양한 형식의 데이터로부터 RDF 트리플을 생성하는 엔진입니다. RMLMapper, SDM-RDFizer, RocketRML, CARML, Chimera, RMLStreamer 등이 있습니다. 이들 엔진은 JSON, XML, CSV 등 다양한 형식을 지원하며, 성능 최적화를 위한 다양한 기법을 적용하기도 합니다.

R2RML과 RML 같은 선언적 매핑 언어의 사용은 정형 및 반정형 데이터로부터 지식그래프를 구축하는 과정을 체계적이고 효율적으로 만듭니다. 변환 로직이 데이터 처리 코드와 분리되어 규칙 형태로 명시되기 때문에, 매핑 규칙 자체를 재사용하거나 수정하기 용이하며, 이는 지식그래프의 유지보수성과 확장성을 크게 향상시킵니다. 또한, W3C 표준 또는 사실상의 표준을 준수함으로써 특정 도구나 기술에 대한 종속성을 줄이고 상호 운용성을 확보할 수 있습니다. 이는 특히 기업 환경에서 여러 시스템과 데이터를 통합하고 지식그래프를 장기적으로 운영해야 할 때 중요한 이점으로 작용합니다.

RML의 등장은 지식그래프 구축의 범위를 전통적인 관계형 데이터베이스를

---

82) Andrea Cimmino et al. (2024), Helio: a framework for implementing the life cycle of knowledge graphs

넘어 웹 API, 문서 데이터, 테이블 형식 데이터 등 훨씬 다양한 현대적 데이터 소스로 확장시켰다는 점에서 특히 중요합니다. 이를 통해 지식그래프는 진정한 의미의 '지식 통합 플랫폼'으로 발전할 수 있는 기술적 기반을 마련하게 되었습니다.

4.3. 지식그래프 저장 및 호스팅

지식그래프 구축 단계에서 생성된 데이터는 효율적으로 저장되고 관리되어야 하며, 애플리케이션에서 쉽게 접근하여 활용할 수 있어야 합니다. 저장 및 호스팅 단계는 이러한 요구사항을 충족시키기 위해 적합한 데이터베이스 기술을 선택하고, 구축된 지식그래프 데이터를 해당 시스템에 로드하며, 쿼리 및 관리를 위한 환경을 설정하는 과정을 포함합니다[83]. 지식그래프 데이터의 특성, 즉 노드와 엣지로 구성된 네트워크 구조와 이들 간의 복잡한 관계를 효과적으로 처리할 수 있는 데이터베이스 시스템을 선택하는 것이 이 단계의 핵심입니다.

4.3.1. 저장 옵션: 트리플 저장소 vs 속성 그래프 데이터베이스

지식그래프 데이터를 저장하고 관리하기 위한 데이터베이스 기술에는 크게 두 가지 주요 접근 방식이 있습니다. RDF 트리플 저장소와 속성 그래프 데이터베이스입니다. 두 방식 모두 연결된 데이터를 저장하는 데 중점을 두지만, 데이터 모델링 방식, 쿼리 언어, 주요 특징 및 장단점에서 차이를 보입니다[84].

4.3.1.1. RDF 트리플 저장소

RDF 트리플 저장소의 데이터 모델은 W3C 표준인 RDF 데이터 모델을 기반으로 합니다. 모든 정보는 (주어, 술어, 객체) 형태의 트리플 단위로 저장됩니다. 주어, 술어, 객체는 일반적으로 전역적으로 고유한 식별자인 URI로 표현되어 데이터의 통합과 공유를 용이하게 합니다. 객체는 URI뿐만 아니라 문자열,

83) Umutcan S¸ im¸ sek, et al. (2021), Knowledge Graph Lifecycle: Building and Maintaining Knowledge Graphs, https://ceur-ws.org/Vol-2873/paper12.pdf

84) Neo4j, RDF Triple Stores vs. Property Graphs: What's the Difference?, https://neo4j.com/blog/knowledge-graph/rdf-vs-property-graphs-knowledge-graphs/

숫자, 날짜 등과 같은 리터럴 값일 수도 있습니다. 이 모델은 본질적으로 관계(술어)를 중심으로 데이터를 표현하는 엣지 중심적 모델로 볼 수 있습니다. 많은 트리플 저장소는 실제로는 쿼드 저장소로, 각 트리플이 속하는 명명된 그래프 정보를 추가로 저장하여 데이터 출처나 컨텍스트를 관리하기도 합니다.

- **쿼리 언어**
  RDF 데이터를 질의하기 위한 표준 쿼리 언어는 SPARQL입니다[85]. SPARQL은 그래프 패턴 매칭을 기반으로 트리플을 검색하고, 다양한 연산자(FILTER, OPTIONAL, UNION 등)를 통해 복잡한 질의를 수행할 수 있습니다.

RDF 트리플 저장소의 주요 특징 및 장점은 다음과 같습니다.

- **표준 기반**
  W3C 표준을 준수하여 데이터의 상호 운용성과 이식성이 높습니다.
- **시맨틱 웹 및 연결 데이터**
  시맨틱 웹 비전과 연결 데이터 원칙에 부합하며, 웹 상의 데이터를 연결하고 통합하는 데 강점을 가집니다. DBpedia, Wikidata 등 공개된 대규모 RDF 데이터셋과의 연동이 용이합니다.
- **추론 기능**
  RDFS 및 OWL과 같은 온톨로지 언어와 결합하여 저장된 데이터를 기반으로 새로운 사실을 추론하는 기능을 강력하게 지원하는 경우가 많습니다[86]. 예를 들어, 클래스 계층 구조나 속성의 대칭성, 전이성 등을 활용하여 암시적인 정보를 명시적으로 만들 수 있습니다.

---

85) Milvus, What is the difference between RDF and property graphs?, https://blog.milvus.io/ai-quick-reference/what-is-the-difference-between-rdf-and-property-graphs

86) Neo4j, RDF Triple Stores vs. Property Graphs: What's the Difference?, https://neo4j.com/blog/knowledge-graph/rdf-vs-property-graphs-knowledge-graphs/

하지만 표현의 한계, 성능적인 측면, 학습 등에서 다음과 같은 한계점이 존재할 수 있습니다.

- **속성 표현**
  개체나 관계에 대한 속성을 표현하기 위해 모든 것을 트리플로 분해해야 하므로, 속성 그래프 모델에 비해 표현이 다소 장황하고 직관성이 떨어질 수 있습니다. 예를 들어, 특정 관계 발생 시간과 같은 메타데이터를 관계 자체에 직접 붙이기 어렵고, 이를 위해 별도의 노드를 도입하는 리이피케이션(reification)이나 RDF-star와 같은 확장 메커니즘이 필요합니다.
- **성능**
  복잡한 그래프 탐색이나 경로 찾기 쿼리의 경우, 속성 그래프 데이터베이스에 비해 성능이 낮을 수 있다는 평가가 있습니다.
- **학습 곡선**
  온톨로지 설계 및 SPARQL 쿼리 작성에 대한 학습이 필요할 수 있습니다.

4.3.1.2. 속성 그래프 데이터베이스

속성 그래프 데이터베이스(Property Graph Database: PGD)의 데이터 모델은 그래프를 노드, 관계, 속성, 그리고 레이블의 네 가지 기본 요소로 모델링합니다.

- **노드**
  개체를 나타냅니다. 하나 이상의 레이블을 가질 수 있으며, 이는 노드의 유형(예: 사람, 제품, 회사 등)을 나타냅니다.
- **관계**
  두 노드 간의 연결을 나타냅니다. 관계는 항상 방향성을 가지며, 시작 노드와 끝 노드, 그리고 관계의 유형(예: 알다, 구매하다, 근무하다 등)을 가집니다.
- **속성**
  노드와 관계 모두에 키-값(key-value) 쌍 형태의 속성을 가질 수 있습니다. 예를 들어, Person 노드는 name, age 속성을 가질 수 있고, WORKS_FOR 관계는 startDate 속성을 가질 수 있습니다. 이는 RDF 모델과의 주요 차이점 중 하나입니다.

- **레이블**
  노드를 분류하는 데 사용됩니다. 이 모델은 개체 자체와 그 속성을 중심으로 데이터를 표현하는 노드 중심적 모델로 간주됩니다.

속성 그래프를 위한 여러 쿼리 언어가 있으며, 대표적으로 Neo4j에서 사용하는 Cypher, Apache TinkerPop 프레임워크의 Gremlin[87], 그리고 현재 ISO 표준화가 진행 중인 GQL 등이 있습니다. 이들 언어는 주로 그래프 패턴 매칭과 탐색에 중점을 둡니다. 속성 그래프의 주요 특징 및 장점은 다음과 같습니다.

- **직관적인 모델링**
  노드와 관계에 직접 속성을 부여할 수 있어, 많은 실제 애플리케이션의 데이터 구조를 자연스럽고 직관적으로 모델링할 수 있습니다.
- **유연한 스키마**
  RDF 트리플 저장소와 마찬가지로 스키마가 유연하여, 데이터 모델의 점진적인 개발 및 변경이 용이합니다.
- **고성능 탐색**
  관계(엣지)를 명시적으로 저장하고 인덱싱하여, 여러 단계를 거치는 복잡한 그래프 탐색(multi-hop traversal) 및 경로 찾기 쿼리에서 높은 성능을 보이는 경향이 있습니다.
- **개발 용이성**
  많은 개발자에게 상대적으로 친숙한 객체 지향적 개념과 유사하며, 쿼리 언어(특히 Cypher)가 직관적이어서 개발 생산성이 높을 수 있습니다.

---

87) AWS, Graph vs Relational Databases - Difference Between graph Databases and Relational Database https://aws.amazon.com/compare/the-difference-between-graph-and-relational-database/

하지만 표준화, 추론, 데이터 상호 운용성과 같은 한계점이 존재할 수 있습니다.

- **표준화**
  RDF/SPARQL만큼 성숙한 표준화가 이루어지지 않았습니다. GQL 표준화가 진행 중이지만 아직 초기 단계이기 때문에 이로 인해 특정 벤더 기술에 종속될 가능성이 있습니다.
- **시맨틱 추론**
  RDF 트리플 저장소만큼 강력한 내장 시맨틱 추론 기능을 제공하지 않는 경우가 많습니다. 추론이 필요하다면 애플리케이션 레벨에서 별도로 구현하거나 추론 기능을 지원하는 특정 제품(예: Stardog, GraphScale이 적용된 Neo4j)을 사용해야 합니다.
- **데이터 상호 운용성**
  표준화 부족으로 인해 서로 다른 속성 그래프 시스템 간 또는 RDF 기반 시스템과의 데이터 상호 운용성이 RDF만큼 원활하지 않을 수 있습니다. 단, 많은 PGD가 RDF 데이터 가져오기/내보내기 기능을 제공하여 이를 보완할 수 있습니다.

4.3.1.3. 선택 고려사항

앞서 설명한 다양한 그래프 기술에 대해 어떤 저장 기술을 선택할지는 지식 그래프 프로젝트의 구체적인 목표와 요구사항에 따라 달라집니다.

- 데이터 통합 및 표준화, 시맨틱 추론이 중요하다면 RDF 트리플 저장소가 더 적합할 수 있습니다. 특히, 공공 데이터를 활용하거나 여러 조직 간에 데이터를 공유해야 하는 경우 표준 준수가 중요합니다.
- 애플리케이션 성능, 유연한 모델링, 빠른 개발이 우선순위라면 속성 그래프 데이터베이스가 더 나은 선택일 수 있습니다. 소셜 네트워크 분석, 추천 시스템, 사기 탐지 등 관계 탐색이 빈번한 애플리케이션에 유리합니다.
- 최근에는 두 모델 간의 경계가 점차 흐려지고 있습니다. 속성 그래프 데이

터베이스가 RDF 지원을 강화하고, RDF 진영에서는 속성 그래프의 장점을 수용하려는 움직임(예: RDF-star)이 나타나고 있습니다. 이는 향후 두 모델의 장점을 결합한 하이브리드 형태나 상호 호환성이 강화된 솔루션이 발전할 가능성을 시사합니다. 따라서 기술 선택 시 현재의 요구사항뿐만 아니라 장기적인 기술 발전 추세도 고려하는 것이 좋습니다.

다음 표는 RDF 트리플 저장소와 속성 그래프 데이터베이스의 주요 특징을 비교 요약한 것입니다.

[트리플 저장소 vs. 속성 그래프 데이터베이스 비교]

구분	RDF 트리플 저장소	속성 그래프 DB
기본 데이터 모델	(주어, 술어, 객체) 트리플 기반	노드, 관계, 속성, 레이블 기반
주요 쿼리 언어	SPARQL	Cypher, Gremlin, GQL(표준화 중)
스키마 유연성	높음(온톨로지로 정의 가능)	높음(레이블 및 속성으로 정의 가능)
속성 저장 위치	주로 객체(리터럴) 또는 별도 노드/ 트리플로 모델링	노드 및 관계에 직접 키-값 형태로 저장 가능
시맨틱 추론 지원	강력함(RDFS, OWL 기반 추론 엔진)	제한적(일부 제품 지원 또는 별도 구현 필요)
표준화 수준	높음(W3C 표준: RDF, SPARQL, RDFS, OWL)	중간(GQL 표준화 진행 중, 벤더별 언어 존재)
주요 강점	상호 운용성, 데이터 통합, 표준화, 강력한 추론	성능(탐색), 직관적 모델링, 유연성, 개발 용이성
주요 약점	속성 표현 복잡성, 탐색 성능 이슈 가능성, 학습 곡선	표준화 미흡, 내장 추론 기능 부족
대표 시스템(예시)	GraphDB, Stardog, Neptune (RDF 모드), Jena, Virtuoso	Neo4j, Neptune(PG 모드), FalkorDB, NebulaGraph

4.3.2. 주요 그래프 데이터베이스 기술

지식그래프를 저장하고 호스팅하기 위해 다양한 상용 및 오픈소스 그래프 데이터베이스 시스템이 사용되고 있습니다. 위에서 논의된 RDF 트리플 저장소와 속성 그래프 데이터베이스 모델을 구현하는 대표적인 시스템들은 다음과 같습니다. 먼저 RDF 트리플 저장소의 대표적인 시스템에 대해 살펴보도록 하겠습니다.

- **Ontotext GraphDB**
  엔터프라이즈 환경을 위한 고성능 RDF 트리플 저장소입니다. RDFS, OWL 2 RL, OWL 2 QL 등 다양한 추론 프로파일을 지원하며, 전문 검색 통합, 고가용성 클러스터링, 다양한 플러그인을 통한 기능 확장을 제공합니다.
- **Stardog**
  RDF와 속성 그래프 모델을 모두 지원하는 엔터프라이즈 지식그래프 플랫폼입니다. 강력한 추론 기능, 데이터 가상화, 머신러닝 모델 통합 등 고급 기능을 제공하여 복잡한 지식그래프 애플리케이션 구축에 적합합니다.
- **Amazon Neptune**
  AWS에서 제공하는 완전 관리형 그래프 데이터베이스 서비스입니다. 속성 그래프 모델(Apache TinkerPop Gremlin 및 openCypher 쿼리 언어 사용)과 RDF 모델(SPARQL 쿼리 언어 사용)을 모두 지원하여 유연한 선택이 가능합니다. 클라우드 기반의 확장성과 관리 용이성이 장점입니다.
- **Apache Jena**
  RDF 데이터 처리를 위한 포괄적인 오픈소스 Java 프레임워크입니다. RDF 파싱, 시리얼라이제이션, SPARQL 쿼리 엔진 온톨로지 API, 그리고 다양한 추론 엔진(RDFS, OWL 등) 및 영구 저장소(TDB - 디스크 기반, Fuseki - SPARQL 서버)를 포함하고 있어 RDF 기반 애플리케이셔 개발 및 연구에 널리 사용됩니다.
- **OpenLink Virtuoso**
  고성능 하이브리드 데이터베이스 시스템으로, 관계형 데이터와 RDF 그래프 데이터를 동일한 시스템 내에서 관리할 수 있습니다. SQL과 SPARQL 쿼리를 모두 지원하며, 대규모 공개 데이터셋 호스팅에 많이 사용되어 왔습니다.

다음은 속성 그래프 데이터베이스의 대표적인 시스템입니다.

- **Neo4j**

  가장 널리 알려지고 사용되는 속성 그래프 데이터베이스 중 하나입니다. 자체 개발한 직관적인 쿼리 언어인 Cypher를 사용하며, 풍부한 기능, 성숙한 기술 생태계, 활발한 커뮤니티 지원이 강점입니다. 다양한 드라이버와 라이브러리를 통해 여러 프로그래밍 언어와의 연동이 용이합니다.

- **FalkorDB**

  인메모리 데이터 구조 저장소인 Redis를 기반으로 구축된 고성능 속성 그래프 데이터베이스입니다. 빠른 응답 속도와 낮은 지연 시간(latency)을 특징으로 하며, 실시간 애플리케이션에 적합할 수 있습니다.

- **NebulaGraph**

  대규모 그래프 데이터를 처리하기 위해 설계된 분산형 오픈소스 속성 그래프 데이터베이스입니다. 수평적 확장성과 고가용성을 제공하여 페타바이트 규모의 그래프 데이터 처리 요구사항을 충족시키는 것을 목표로 합니다.

- **Amazon Neptune**

  RDF뿐만 아니라 속성 그래프 모델도 지원하며, Gremlin과 openCypher를 쿼리 언어로 사용할 수 있습니다.

특정 프로젝트에 가장 적합한 그래프 데이터베이스를 선택하기 위해서는 다음과 같은 여러 요소를 종합적으로 고려할 필요가 있습니다.

- **데이터 모델**

  RDF 트리플 모델과 속성 그래프 모델 중 어떤 것이 프로젝트의 데이터 표현 및 활용 요구사항에 더 적합한지 판단해야 합니다.

- **성능 및 확장성**

  예상되는 데이터 규모와 쿼리 부하를 처리할 수 있는 성능과 확장성을 갖추었는지 확인해야 합니다(예: 인메모리 vs. 디스크 기반, 단일 서버 vs. 분산 아키텍처).

- **쿼리 언어**

  SPARQL, Cypher, Gremlin 등 지원하는 쿼리 언어가 팀의 기술 역량과 애플리케이션 요구사항에 부합하는지 평가해야 합니다.

- **추론 기능**

  시맨틱 추론 기능이 필수적인지, 필요하다면 어느 수준의 추론(RDFS, OWL RL 등)을 지원하는지 확인해야 합니다.

- **운영 환경**

  클라우드 기반의 관리형 서비스(예: Neptune)를 선호하는지, 아니면 자체 서버에 설치하여 운영할 것인지 결정해야 합니다.

- **라이선스 및 비용**

  오픈소스 라이선스와 상용 라이선스 옵션, 그리고 관련 비용(구독료, 지원 비용, 인프라 비용 등)을 고려해야 합니다.

- **생태계 및 커뮤니티**

  관련 문서, 튜토리얼, 라이브러리, 도구 등 개발 생태계의 성숙도와 커뮤니티 지원 수준도 중요한 고려 요소입니다.

4.3.3. 질의 언어 소개(Introduction to Query Languages) : SPARQL 및 Cypher

지식그래프에 저장된 방대한 정보를 효과적으로 탐색하고 활용하기 위해서는 적절한 질의 언어를 사용해야 합니다. 지식그래프 저장 기술의 두 가지 주요 모델인 RDF 트리플 저장소와 속성 그래프 데이터베이스는 각각 다른 표준 또는 주요 질의 언어를 사용합니다.

4.3.3.1. SPARQL(SPARQL Protocol and RDF Query Language)

SPARQL은 RDF 데이터를 질의하기 위한 W3C 표준 질의 언어입니다[88]. RDF 트리플 저장소에서 주로 사용됩니다. SPARQL의 기본은 그래프 패턴 매칭입니다[89]. 쿼리는 하나 이상의 트리플 패턴으로 구성된 그래프 패턴을 포함하며,

88) GraphDB, W3C specifications, https://graphdb.ontotext.com/documentation/10.8/w3c-specs.html

89) W3C, SPARQL Query Language for RDF, https://www.w3.org/2001/sw/DataAccess/rq23/

이 패턴과 일치하는 RDF 데이터 부분을 찾아 결과를 반환합니다. 트리플 패턴은 주어, 술어, 객체 자리에 변수를 사용하여 특정 조건을 만족하는 트리플을 찾도록 지정할 수 있습니다. SPARQL의 주요 구문 및 기능은 다음과 같습니다.

- **쿼리 형태**
  SELECT(결과를 테이블 형태로 반환), CONSTRUCT(질의 결과로 새로운 RDF 그래프 생성), ASK(패턴 매칭 여부를 참/거짓으로 반환), DESCRIBE(특정 자원에 대한 RDF 설명 반환) 등 다양한 쿼리 형태를 지원합니다.
- **기본 구조**
  일반적으로 PREFIX(URI 축약을 위한 접두사 선언), SELECT/CONSTRUCT/ASK/DESCRIBE(결과 형태 지정), WHERE(매칭할 그래프 패턴 정의), 그리고 결과 수정을 위한 절(예: ORDER BY, LIMIT, OFFSET)로 구성됩니다[90].
- **WHERE 절**
  하나 이상의 트리플 패턴을 포함합니다. 여러 트리플 패턴이 나열되면 기본적으로 AND 조건으로 결합됩니다.
- **패턴 조합 연산자**
  OPTIONAL(선택적 패턴 매칭), UNION(두 개 이상의 패턴 중 하나와 일치), FILTER(특정 조건으로 결과 필터링), GRAPH(명명된 그래프 지정) 등 다양한 연산자를 사용하여 복잡한 질의 조건을 표현할 수 있습니다.
- **SPARQL Update**
  트리플 추가, 삭제 등 RDF 데이터를 수정하기 위한 구문을 제공합니다[91].
- **SPARQL Protocol**
  HTTP를 통해 원격 SPARQL 엔드포인트에 쿼리나 업데이트 요청을 보내고 결과를 받는 표준 프로토콜을 정의합니다. 이를 통해 분산된 RDF 데이

---

90) FAIR Epigraphy, SPARQL For Beginners, https://inscriptiones.org/tutorial/sparql-for-beginners/

91) Eckerson Group, Build a Knowledge Graph in Ten Steps - Part III of Series, https://www.eckerson.com/articles/knowledge-graphs-part-iii-build-a-knowledge-graph-in-ten-steps

터에 대한 접근이 가능합니다.

- **연합 쿼리(Federated Query)**
  SERVICE 키워드를 사용하여 여러 SPARQL 엔드포인트에 걸쳐 질의를 수행하고 결과를 통합하는 기능을 지원합니다.

다음 예시는 SPARQL을 통해 특정 저자가 쓴 책의 제목을 찾는 쿼리입니다.

```
PREFIX dc: <http://purl.org/dc/elements/1.1/>
PREFIX foaf: <http://xmlns.com/foaf/0.1/>

SELECT?title
WHERE {
  ?book dc:creator?author.
  ?author foaf:name "저자 이름".
  ?book dc:title?title.
  }
```

위의 코드에 대하여 간단히 설명하면 다음과 같습니다.

```
PREFIX dc: <http://purl.org/dc/elements/1.1/>
PREFIX foaf: <http://xmlns.com/foaf/0.1/>
<= 쿼리에서 사용할 용어(dc[92], foaf[93])에 대한 네임스페이스를 미리 선언하여, 이
후에 해당 접두어를 간단하게 사용할 수 있도록 합니다.

SELECT?title <= 검색 결과로 책의 제목(들)을 반환하겠다는 의미입니다.
WHERE {
 ?book dc:creator?author.
<= 어떤 책(?book)의 저자 정보가 ?author임을 의미합니다. 여기서 dc:creator는
책의 저자를 나타내는 속성입니다.

 ?author foaf:name "저자 이름".
```

<= 저자 개체(?author)의 이름이 "저자 이름"과 정확히 일치하는 경우만을 대상으로 하겠다는 뜻입니다. foaf:name은 사람의 이름을 나타내는 속성입니다.

?book dc:title?title.
<= 해당 책(?book)의 제목을 ?title 변수에 담겠다는 의미입니다.}

4.3.3.2. Cypher

Cypher는 Neo4j에서 개발되어 널리 사용되는 선언적 속성 그래프 쿼리 언어입니다[94]. SQL과 유사한 구조를 가지면서도 그래프 데이터 모델에 최적화되어 설계되었습니다. 현재 GQL이라는 이름으로 ISO 표준화가 진행 중이며, Cypher는 GQL의 중요한 기반이 되고 있습니다. Cypher의 가장 큰 특징은 ASCII-Art 스타일의 시각적인 패턴 매칭 구문입니다. 노드는 괄호 ()로, 관계는 대괄호 ``와 화살표 --〉 또는 〈--로 표현하여, 마치 화이트보드에 그래프를 그리듯이 쿼리 패턴을 직관적으로 작성할 수 있습니다. Cypher의 주요 구문 및 기능은 다음과 같습니다.

- **기본 구소**

  쿼리는 여러 절을 연결하여 구성되며, 각 절은 이전 절의 결과를 입력으로 받아 처리하고 다음 절로 전달하는 파이프라인 방식으로 동작합니다. 주요 절로는 MATCH(그래프에서 패턴 찾기), WHERE(패턴 필터링), RETURN(결과 반환), CREATE(노드/관계 생성), MERGE(패턴이 없으면 생성, 있으면 매칭), DELETE(노드/관계 삭제), SET(속성 설정/수정), REMOVE(속성/레이블 제거) 등이 있습니다.

---

92) Dublin Core: 다양한 정보 자원의 메타데이터(저자, 제목, 발행일 등)를 표준화하여 기술하기 위한 국제 표준 메타데이터 스키마입니다. https://www.ukoln.ac.uk/metadata/resources/dc/datamodel/WD-dc-rdf/

93) Friend of a Friend: FOAF는 사람, 그들의 관계, 그리고 관련 정보(이름, 이메일, 소셜 네트워크 등)를 RDF로 표현하기 위한 온톨로지(어휘)입니다.

94) Neo4j, What is Cypher - Getting Started, https://neo4j.com/docs/getting-started/cypher/

Cypher에서의 패턴 표현의 예시는 다음과 같습니다.

```
노드 : (변수:레이블 {속성: 값}). 예: (p:Person {name: "Alice"}).
       변수, 레이블, 속성은 선택적으로 사용 가능

관계: [변수:타입 {속성: 값}]->. 예: -->. 변수, 타입, 속성 선택
      관계의 방향(->, <-, -)을 지정 가능
```

- **경로 탐색**
  고정 길이 경로(예: (a)-->(b)-->(c))뿐만 아니라, 가변 길이 경로(예: (a)-->(b) - 1단계에서 5단계 사이의 경로) 탐색을 지원합니다. 최단 경로 탐색 기능도 제공합니다.
- **함수 및 프로시저**
  문자열 처리, 수학 계산, 리스트/맵 조작, 날짜/시간 처리, 공간 데이터 처리 등 다양한 내장 함수를 제공합니다. 또한, APOC(Awesome Procedures On Cypher) 라이브러리 등을 통해 사용자 정의 함수 및 프로시저를 사용하여 기능을 확장할 수 있습니다.

Cypher 쿼리를 통해 "Alice"와 친구 관계에 있는 사람들의 이름을 찾는 예시를 다음과 같이 설계할 수 있습니다.

```
Cypher
MATCH (p1:Person {name: "Alice"})--(p2:Person)
RETURN p2.name
```

쿼리 언어의 선택은 사용하는 그래프 데이터베이스 기술(RDF 트리플 저장소 또는 속성 그래프 DB)에 따라 결정되지만, 각 언어의 특성은 개발 생산성, 쿼리의 표현력, 그리고 특정 유형의 작업(예: 복잡한 그래프 패턴 탐색 vs. 시맨틱 추론 기반 질의)에 대한 성능에 직접적인 영향을 미칩니다. Cypher는 직관적인 문법과 강력한 패턴 매칭 능력으로 그래프 구조 탐색에 유리할 수 있으며, SPARQL은 RDF 표준과 시맨틱 웹 기술과의 연동성, 연합 쿼리 및 추론 기반 질의에 강점을 가집니

다. 따라서 지식그래프 프로젝트의 목표와 활용 시나리오, 그리고 개발팀의 기술적 배경을 고려하여 적합한 저장 기술과 쿼리 언어를 선택하는 것이 중요합니다.

4.4. 지식그래프 관리 및 큐레이션

지식그래프를 성공적으로 구축했다 하더라도, 그 가치를 지속적으로 유지하고 향상시키기 위해서는 체계적인 관리와 큐레이션 활동이 필수적입니다[95]. 지식그래프는 다양한 소스로부터 데이터를 통합하고 시간이 지남에 따라 변화하는 현실 세계를 반영해야 하므로, 데이터 품질 문제, 스키마 변경, 버전 관리, 보안 등 여러 가지 운영상의 과제에 직면하게 됩니다. 관리 및 큐레이션 단계는 이러한 과제들을 해결하고 지식그래프를 신뢰할 수 있고 유용한 자산으로 유지하기 위한 지속적인 노력을 포함합니다. 주요 활동 영역으로는 데이터 품질 관리, 스키마 관리 및 검증, 버전 관리, 보안 및 접근 통제 등이 있습니다.

4.4.1. 데이터 품질 관리

지식그래프의 핵심 가치는 정확하고 신뢰할 수 있는 정보를 제공하는 데 있습니다. 따라서 데이터 품질은 지식그래프 기반 애플리케이션의 성공과 직결되는 매우 중요한 요소입니다[96]. 부정확하거나 불완전하거나 일관되지 않은 데이터는 잘못된 분석 결과나 의사결정으로 이어질 수 있으며, 지식그래프 시스템 전체의 신뢰도를 떨어뜨릴 수 있습니다. 특히, 대규모의 이종 데이터 소스를 통합하는 과정에서 데이터 품질 문제가 발생하기 쉽습니다. 주요 품질 차원 및 과제는 다음과 같습니다.

- **정확성(Accuracy)**
  저장된 정보가 현실 세계의 사실과 일치하는 정도입니다. 부정확한 정보(예: 잘못된 관계, 오래된 속성 값)는 지식그래프의 신뢰도를 저해합니다.

---

95) Umutcan Ş, imş, sek, et al. (2021), Knowledge Graph Lifecycle: Building and Maintaining Knowledge Graphs

96) Common challenges and solutions for knowledge graph operations, https://knowledgegraphops.com/article/Common_challenges_and_solutions_for_knowledge_graph_operations.html

- **완전성(Completeness)**
  필요한 정보(개체, 관계, 속성)가 누락되지 않고 충분히 포함되어 있는 정도입니다. 대부분의 실제 지식그래프는 본질적으로 불완전하며, 이는 정보 검색이나 추론의 한계로 작용할 수 있습니다.
- **일관성(Consistency)**
  지식그래프 내의 정보들이 서로 모순되지 않는 정도입니다. 예를 들어, 한 개체에 대해 상반되는 속성 값이 존재하거나, 온톨로지 제약 조건을 위반하는 경우가 불일치성에 해당합니다.
- **적시성(Timeliness / Currency)**
  데이터가 현재 시점의 정보를 얼마나 잘 반영하는지 나타냅니다. 세상의 지식은 계속 변화하므로, 지식그래프도 최신 상태를 유지하기 위한 노력이 필요합니다.
- **간결성(Conciseness) / 비중복성(Non-redundancy)**
  동일한 실제 개체나 사실이 불필요하게 여러 번 표현되지 않는 정도입니다. 중복된 정보는 저장 공간을 낭비하고 불일치를 유발할 수 있습니다.
- **기타**
  이 외에도 데이터의 출처(provenance), 신뢰도(believability), 접근성(accessibility), 이해 가능성(understandability) 등 다양한 품질 차원이 고려될 수 있습니다.

데이터 품질 관리 프로세스는 다음과 같은 단계로 구성됩니다[97].

① 품질 평가

- 먼저 지식그래프의 현재 품질 상태를 측정하고 평가해야 합니다. 이를 위해 위에서 언급된 다양한 품질 차원에 대한 메트릭을 정의하고, 이를 기반으로 정량적인 평가를 수행합니다. 어떤 품질 차원과 메트릭이 중요한지는 해당 지식그래프를 활용하는 애플리케이션의 요구사항에 따라 달라질 수 있습니다.

97) Umutcan Ş, imş, sek, et al. (2021), Knowledge Graph Lifecycle: Building and Maintaining Knowledge Graphs

② **오류 탐지**

- 품질 평가 결과를 바탕으로 지식그래프 내에 존재하는 구체적인 오류, 불일치, 중복 등의 문제점을 식별하는 과정입니다. 예를 들어, 온톨로지 제약 조건(예: 속성의 domain/range 제약, cardinality 제약)을 위반하는 데이터를 찾거나, 통계적 분석을 통해 비정상적인 패턴을 탐지할 수 있습니다. SHACL과 같은 제약 조건 언어는 이러한 오류 탐지에 유용하게 사용될 수 있습니다.

③ **정제(Cleaning / Error Correction)**

- 탐지된 오류를 수정하여 지식그래프의 정확성과 일관성을 회복하는 작업입니다. 이는 잘못된 값을 수정하거나, 모순되는 정보를 제거 또는 조정하는 활동을 포함합니다.

④ **보강(Enrichment) / 지식그래프 완성(Knowledge Graph Completion; KGC)**

- 지식그래프의 완전성을 높이기 위해 누락된 정보를 추가하는 과정입니다. 주요 활동으로는 다음과 같은 것들이 있습니다.
  - 중복 개체 탐지 및 병합(Duplicate Detection & Fusion): 서로 다른 방식으로 표현되었지만 실제로는 동일한 개체를 나타내는 노드들을 식별하고, 이들을 연결(owl:sameAs 등)하거나 병합하여 중복성을 제거하고 정보를 통합합니다.
  - 링크 예측(Link Prediction): 기존에 존재하는 트리플 패턴을 학습하여, 아직 연결되지 않았지만 연결될 가능성이 높은 개체 쌍 사이에 새로운 관계(링크)를 예측하고 추가하는 작업입니다. 이는 지식그래프 완성의 핵심 기술 중 하나입니다. 링크 예측의 구체적인 내용은 4.2절에서 더 자세히 다루도록 하겠습니다.
  - 속성 값 또는 타입 추론: 누락된 개체의 속성 값이나 타입을 추론하여 추가하는 작업이 포함될 수 있습니다.

데이터 품질관리를 위한 해결 방안 및 활용 도구는 다음과 같습니다.

- **데이터 거버넌스**

  조직 차원에서 데이터 품질 표준, 정책, 관리 프로세스를 수립하고 실행하는 체계적인 접근 방식입니다. 데이터의 생성부터 폐기까지 전 과정에 걸쳐 품질을 관리하며, 데이터 프로파일링, 데이터 정제, 데이터 검증 도구 등을 활용합니다. IBM InfoSphere, Talend Data Governance, Collibra 등이 관련 솔루션으로 언급됩니다.

- **제약 조건 기반 검증**
  SHACL이나 ShEx와 같은 언어를 사용하여 데이터가 만족해야 할 규칙(무결성 제약 조건)을 명시적으로 정의하고, 이를 위반하는 데이터를 자동으로 검증하는 방식입니다. VeriGraph와 같은 도구는 대규모 지식그래프에서도 효율적인 검증을 수행하기 위해 개발되었습니다.
- **중복 탐지 도구**
  개체들의 속성 값을 비교하여 유사도를 측정하고, 기계 학습 등을 통해 최적의 탐지 설정을 찾아 중복 개체를 식별하는 도구입니다. DDaaS가 예시로 언급됩니다.
- **지식그래프 완성 기술**
  링크 예측을 위한 다양한 기술들이 개발되어 왔습니다. 대표적으로 지식그래프 임베딩을 활용한 랭킹 방식, 관계 경로를 이용한 추론 방식, 논리 규칙 기반 추론 방식 등이 있습니다. 지식그래프 완성을 위한 기술은 4.2절에서 더 자세히 살펴보도록 하겠습니다.

지식그래프의 데이터 품질 관리는 일회성 작업이 아니라 지속적인 노력이 필요한 활동입니다. 데이터 소스는 계속 변화하고, 새로운 정보가 추가되며, 활용 요구사항도 진화하기 때문입니다. 따라서 지식그래프의 신뢰성과 유용성을 유지하기 위해서는 구축 단계 이후에도 꾸준히 품질을 모니터링하고 개선하는 프로세스를 갖추는 것이 중요합니다. 특히, 지식그래프의 본질적인 특성인 불완전성을 인정하고, 이를 보완하기 위한 지식그래프 완성 기술의 적용은 지식그래프의 잠재력을 최대한 활용하는 데 핵심적인 역할을 합니다. 지식그래프 완성은 지식그래프가 단순히 저장된 정보만을 제공하는 수동적인 데이터베이스가 아니라, 학습과 추론을 통해 스스로 지식을 확장하고 완성해나갈 수 있는 능동적인 시스템으로 발전할 가능성을 보여줍니다.

4.4.2. 스키마 관리 및 검증

지식그래프의 스키마는 그래프 내 데이터의 구조와 의미를 정의하는 중요한 역할을 합니다. 이는 데이터의 일관성을 보장하고, 상호 운용성을 높이며, 추론을 가능하게 하는 기반이 됩니다. 지식그래프에서는 주로 온톨로지가 스키마의 역할을 수행합니다. 앞서 3장에서 온톨로지에 대하여 자세하게 살펴보았습니다. 그러므로 여기서는 지식그래프의 스키마관리와 관련된 내용만을 다시 간단히 정리해보도록 하겠습니다.

스키마 관리 및 검증은 온톨로지를 정의, 유지보수하고, 지식그래프 데이터가 정의된 스키마 및 제약 조건을 준수하는지 확인하는 활동을 포함합니다. 지식그래프의 스키마, 즉 온톨로지를 정의하기 위해 사용되는 표준 언어는 다음과 같습니다.

- **RDFS**
  RDF의 기본적인 어휘 확장으로, 클래스와 속성의 계층 구조(예: rdfs:subClassOf, rdfs:subPropertyOf)를 정의하고, 속성의 정의역(domain - 어떤 클래스가 해당 속성을 가질 수 있는지)과 치역(range - 해당 속성의 값이 어떤 타입이어야 하는지)을 명시하는 기본적인 스키마 정의 기능을 제공합니다.
- **OWL**
  RDFS를 확장하여 훨씬 더 풍부하고 정교한 온톨로지를 정의할 수 있는 W3C 표준 언어입니다[98]. OWL은 클래스 간의 다양한 관계(예: 동일함 owl:equivalentClass, 서로소 owl:disjointWith), 속성의 특성(예: 함수형 owl:FunctionalProperty, 역관계 owl:inverseOf, 대칭성 owl:SymmetricProperty, 전이성 owl:TransitiveProperty), 그리고 카디널리티 제약(특정 속성을 정확히 하나 가져야 함) 등을 표현할 수 있게 해줍니

98) Wikipedia, Resource Description Framework, https://en.wikipedia.org/wiki/Resource_Description_Framework

다. 이러한 풍부한 표현력은 보다 정확한 의미 모델링과 강력한 자동 추론을 가능하게 합니다. OWL은 표현력과 계산 복잡성 간의 균형을 맞춘 여러 프로파일(OWL 2 RL, OWL 2 QL, OWL 2 EL)을 제공하여 다양한 애플리케이션 요구사항에 대응할 수 있습니다.

온톨로지가 데이터의 의미론적 구조를 정의한다면, 검증 언어는 데이터 인스턴스가 특정 구조적 제약 조건을 만족하는지 확인하는 데 사용됩니다. 이는 데이터 품질 관리의 중요한 부분입니다.

- **SHACL(Shapes Constraint Language)**
  RDF 그래프의 유효성을 검사하기 위한 W3C 표준 권고안입니다. SHACL은 '셰이프(shape)'라는 개념을 사용하여 특정 노드들이 만족해야 하는 조건(예: 특정 속성을 가져야 함, 속성 값의 데이터 타입, 값의 범위, 문자열 패턴 등)을 정의합니다. 제약 조건은 SPARQL 쿼리를 기반으로 정의될 수도 있어 높은 표현력을 가집니다. SHACL 검증기는 데이터가 정의된 셰이프를 만족하는지 검사하고, 위반 사항이 있을 경우 상세한 검증 보고서를 생성하여 오류 수정에 도움을 줍니다.
- **ShEx(Shape Expressions)**
  SHACL과 유사한 목적으로 RDF 그래프의 구조를 기술하고 검증하기 위해 개발된 언어입니다. ShEx는 특히 간결하고 읽기 쉬운 문법(ShExC)을 강조하며, 재귀적인 구조나 반복되는 속성에 대한 제약 표현 등에서 SHACL과 차별화되는 특징을 가집니다. SHACL과 ShEx는 목표는 유사하지만, 접근 방식(제약 조건 중심 vs. 스키마/문법 중심)과 세부 기능에서 차이가 있으며, 상호 보완적으로 사용될 수도 있습니다[99].

지식그래프의 기반이 되는 도메인 지식이나 비즈니스 요구사항은 시간이 지남에 따라 변화할 수 있습니다. 예를 들어, 새로운 제품 라인이 추가되거나, 조

99) Validating RDF Data, Comparing ShEx and SHACL, https://book.validatingrdf.com/bookHtml013.html

직 구조가 변경되거나, 규제 요건이 바뀌는 경우 등이 있습니다. 이러한 변화는 온톨로지/스키마의 수정 또는 확장을 필요로 합니다. 이를 스키마 진화라고 합니다. 스키마가 변경될 때, 기존 지식그래프 데이터와의 일관성을 유지하고 변경 사항을 체계적으로 관리하는 것이 중요합니다. 이는 버전 관리와 밀접하게 연관됩니다.

온톨로지 설계 및 편집에는 3장에서 설명한 Protégé와 같은 도구가 널리 사용됩니다. SHACL 및 ShEx 검증을 위한 다양한 라이브러리와 도구(예: Apache Jena SHACL, PySHACL, Shaclex, Shexer)가 존재하며, 일부 그래프 데이터베이스는 자체적으로 검증 기능을 내장하거나 통합하고 있습니다(예: Stardog, GraphDB).

RDFS/OWL을 이용한 온톨로지 정의와 SHACL/ShEx를 이용한 데이터 검증은 지식그래프의 품질과 신뢰성을 보장하는 데 상호 보완적인 역할을 합니다. RDFS/OWL은 주로 데이터의 '의미'와 개념 간의 '논리적 관계'를 정의하여 추론의 기반을 마련하는 데 중점을 둡니다. 반면, SHACL/ShEx는 데이터 인스턴스가 특정 '구조'나 '형태'를 준수하는지, 즉 데이터의 '유효성'을 검증하는 데 초점을 맞춥니다.

예를 들어, OWL은 "모든 교수는 직원이다"라는 의미론적 관계를 정의할 수 있지만, SHACL은 "모든 직원은 반드시 9자리 사원번호 속성을 가져야 한다"는 구체적인 데이터 구조 제약을 명시할 수 있습니다. 따라서 의미론적 정확성과 구조적 무결성을 모두 확보하기 위해서는 이 두 가지 접근 방식을 함께 활용하는 것이 효과적입니다. 또한, 지식그래프가 지속적으로 변화하는 환경에 대응하기 위해서는 스키마 변경 사항을 추적하고 관리하는 체계적인 스키마 진화 관리 전략이 필요합니다.

4.4.3. 버전 관리

지식그래프는 정적인 데이터 집합이 아니라 시간이 지남에 따라 지속적으로 변화하고 진화하는 동적인 자산입니다. 새로운 정보가 추가되거나, 기존 정보가 수정되거나 삭제될 수 있으며, 지식그래프의 스키마(온톨로지) 자체도 변경될 수 있습니다[100]. 이러한 변화를 효과적으로 관리하고 추적하기 위해 버전 관리 메커니즘이 필요합니다.

지식그래프 버전 관리는 단순한 이력 저장을 넘어, 시스템의 신뢰성과 재현성을 보장하고 협업 환경을 지원하는 핵심 기능입니다. 구체적으로는 다음과 같은 이유가 있습니다.

- **재현성**
  특정 시점의 지식그래프 상태를 기록하고 접근할 수 있게 함으로써, 해당 시점의 데이터를 사용한 분석이나 실험 결과를 나중에 재현하는 것을 가능하게 합니다[101].
- **변경 추적 및 감사**
  누가, 언제, 무엇을 변경했는지 이력을 추적하여 데이터의 변경 과정을 이해하고 필요한 경우 감사를 수행할 수 있습니다.
- **오류 복구**
  데이터 오류가 발생했을 때, 이전의 올바른 버전으로 상태를 되돌릴 수 있는 기능을 제공합니다.
- **동시 작업 및 협업 지원**
  여러 사용자가 동시에 지식그래프를 수정하거나 다양한 버전의 데이터를 실험적으로 사용할 때 발생할 수 있는 충돌을 관리하고 협업을 지원합니다.
- **점진적 업데이트 관리**
  전체 그래프를 재생성하지 않고 변경된 부분만 효율적으로 업데이트하고 관리하는 기반을 제공합니다.

100) Construction of Knowledge Graphs: Current State and Challenges - MDPI, https://www.mdpi.com/2078-2489/15/8/509

101) ConVer-G: Concurrent versioning of knowledge graphs - arXiv, https://arxiv.org/html/2409.04499v1

그러나 지식그래프는 관계형 데이터베이스나 단순 파일과는 달리 복잡한 그래프 구조를 갖고 있기 때문에, 다음과 같은 도전 과제가 존재합니다.

- **세분성**
  어느 수준에서 버전을 관리할 것인가? 개별 트리플, 노드, 관계, 특정 하위 그래프, 아니면 전체 그래프 단위로 버전을 관리할지에 대한 결정이 필요합니다. 개별 노드나 트리플 수준의 버전 관리는 매우 세밀한 추적이 가능하지만, 그래프의 일관성을 유지하기 어려울 수 있습니다. 예를 들어, 특정 노드를 이전 버전으로 롤백했을 때, 해당 노드를 참조하는 다른 노드나 관계와의 연결성이 깨질 수 있습니다.
- **일관성 유지**
  그래프의 일부만 변경하거나 롤백할 때, 전체 그래프 구조의 일관성을 어떻게 유지할 것인가가 중요한 문제입니다. 특정 변경이 다른 부분에 미치는 연쇄적인 영향을 관리해야 합니다.
- **저장 효율성**
  모든 버전을 완전한 스냅샷으로 저장하는 것은 대규모 지식그래프의 경우 저장 공간 비효율성을 초래할 수 있습니다. 변경된 부분만을 효율적으로 저장하고 관리하는 방법이 필요합니다.
- **쿼리 복잡성**
  특정 버전의 데이터를 쿼리하거나 여러 버전 간의 차이를 비교하는 쿼리를 효율적으로 처리하는 것이 어려울 수 있습니다.

위에서 언급한 지식그래프 버전 관리를 위해 다음과 같은 몇 가지 접근 방식이 연구되고 있습니다.

- **스냅샷 기반**
  특정 시점마다 지식그래프 전체의 복사본(스냅샷)을 저장하는 가장 간단한 방식입니다. 구현은 쉽지만 저장 공간 요구량이 매우 큽니다.

- **변경 로그 기반**
  초기 버전 이후 발생하는 모든 변경 작업(추가, 삭제, 수정)을 로그 형태로 기록하는 방식입니다. 특정 버전의 상태를 재구성하려면 초기 버전부터 해당 시점까지의 로그를 순차적으로 적용해야 합니다. 저장 공간은 효율적이지만 특정 버전 접근 시간이 오래 걸릴 수 있습니다.
- **델타 기반**
  연속된 버전 간의 차이만을 저장하는 방식입니다. 스냅샷과 변경 로그의 절충안으로, 저장 효율성과 버전 접근 시간 사이의 균형을 맞추려고 시도합니다.
- **점진적 업데이트 및 이벤트 스트리밍**
  전체 그래프를 주기적으로 재생성하는 대신, 데이터 소스의 변경 사항을 감지하고 해당 변경 사항만을 지식그래프에 반영하는 점진적 업데이트 방식을 사용합니다[102]. IncRML과 같은 접근 방식은 RML 매핑 과정에서 데이터 변경을 감지하고, 이를 Activity Streams 2.0과 같은 표준 어휘를 사용하여 Linked Data Event Stream (LDES) 형태로 발행함으로써, 데이터 소비자가 변경 사항을 효율적으로 구독하고 동기화할 수 있도록 지원합니다. 이 방식은 특히 지속적으로 변화하는 데이터 소스를 다룰 때 효율성과 최신성 유지에 유리합니다.
- **시간적 지식그래프(Temporal Knowledge Graph: TKG)**
  일부 연구에서는 시간에 따른 지식의 변화를 모델링하기 위해 각 트리플에 시간 정보(타임스탬프 또는 유효 기간)를 명시적으로 포함하는 시간적 지식그래프 모델을 사용합니다. 이는 버전 관리와는 약간 다른 개념이지만, 시간에 따른 정보의 변화를 추적하고 쿼리하는 데 사용될 수 있습니다. 시간적 지식그래프와 관련하여 4.2절의 추론 부분에서 조금 더 설명하도록 하겠습니다.

효과적인 버전 관리는 지식그래프의 신뢰성과 활용성을 장기적으로 유지하는 데 필수적입니다. 프로젝트의 요구사항(예: 변경 추적의 세분성, 과거 버전

102) Dylan Van Assche et al. (2024), Incremental Knowledge Graph Construction from Heterogeneous Data Sources

접근 빈도, 데이터 변경 빈도)과 지식그래프의 규모 및 특성을 고려하여 적절한 버전 관리 전략과 기술을 선택해야 합니다. 특히, 동적인 데이터 환경에서는 점진적 업데이트와 변경 알림 메커니즘(예: LDES)을 활용하는 것이 효율적인 관리 방안이 될 수 있습니다.

4.4.4. 보안 및 접근 통제

지식그래프는 조직의 다양한 데이터를 통합하고 연결하는 강력한 도구이지만, 바로 이 점 때문에 보안 및 접근 통제가 매우 중요한 관리 요소가 됩니다. 중앙 집중화된 지식그래프에는 민감한 정보(예: 고객 데이터, 재무 정보, 지적 재산)가 포함될 수 있으며, 이에 대한 부적절한 접근은 심각한 데이터 유출이나 오용으로 이어질 수 있습니다. 보안을 위한 고려사항으로 중앙 집중화된 데이터 위험이 존재합니다. 이는 다양한 시스템의 데이터를 한 곳(지식그래프)에 통합함으로써, 이 지식그래프 자체가 중요한 공격 표면이 될 수 있음을 뜻합니다. 이를 통해 단일 시스템 침해로 인해 광범위한 정보가 노출될 위험이 있습니다.

위험을 방지하기 위한 다양한 방안들에 대해 설명하도록 하겠습니다.

- **세분화된 접근 통제 필요성**

  지식그래프 내의 데이터는 다양한 출처와 민감도 수준을 가질 수 있습니다. 따라서 모든 사용자에게 동일한 접근 권한을 부여하는 것은 적절하지 않으며, 사용자의 역할과 책임에 따라 접근 가능한 데이터의 범위를 세밀하게 제어할 필요가 있습니다. 예를 들어, 마케팅 담당자는 고객 캠페인 관련 정보에는 접근할 수 있어야 하지만, 재무 부서의 민감한 데이터에는 접근해서는 안 됩니다.
- **관계 기반 접근의 복잡성**

  그래프 데이터의 특징인 복잡한 상호 연결성은 접근 통제 정책을 설계하고 시행하는 것을 더 어렵게 만들 수 있습니다. 특정 노드에 대한 접근 권한뿐만 아니라, 관계 탐색을 통해 간접적으로 접근 가능한 정보의 범위까지 고려해야 할 수 있습니다.

- **데이터 프라이버시**
  지식그래프에 개인 정보가 포함될 경우, GDPR(General Data Protection Regulation)과 같은 데이터 프라이버시 규정을 준수하는 것이 필수적입니다. 이는 데이터 수집, 처리, 저장, 접근에 대한 엄격한 통제를 요구합니다.

위험 노출을 방지하기 위한 해결방안 및 접근 방식은 다음과 같습니다.

- **역할 기반 접근 통제(Role-Based Access Control: RBAC)**
  사용자의 역할(role)에 따라 지식그래프 내의 특정 데이터(노드, 관계, 속성)에 대한 접근 권한(읽기, 쓰기, 수정, 삭제 등)을 부여하는 가장 일반적인 접근 방식입니다[103]. 지식그래프 자체의 모델링 능력을 활용하여 사용자, 역할, 권한 간의 관계를 명시적으로 표현하고 관리할 수 있습니다.
- **속성 기반 접근 통제(Attribute-Based Access Control: ABAC)**
  사용자의 속성, 자원의 속성, 그리고 환경 조건을 기반으로 보다 동적이고 세분화된 접근 결정을 내리는 방식입니다. 예를 들어, "특정 부서 소속이고 보안 등급이 X 이상인 사용자만 특정 프로젝트 노드에 접근 가능"과 같은 정책을 정의할 수 있습니다.
- **그래프 기반 접근 통제 정책**
  지식그래프의 구조 자체를 활용하여 접근 통제 정책을 정의하고 시행하는 연구도 진행 중입니다. 예를 들어, 특정 노드로부터 특정 관계 유형을 따라 몇 단계까지만 접근을 허용하는 등의 정책을 구현할 수 있습니다.
- **신원 및 접근 관리(IAM) 시스템 통합**
  조직의 기존 IAM 시스템과 지식그래프를 통합하여 일관된 사용자 인증 및 권한 부여 정책을 적용하는 것이 중요합니다. 지식그래프는 IAM 시스템 내의 복잡한 사용자-역할-권한 관계를 모델링하고 분석하는 데 사용될 수도 있습니다.

103) Forbes, Demystifying Knowledge Graphs: Unlocking The Power Of Connected Data, https://www.forbes.com/councils/forbestechcouncil/2025/01/30/demystifying-knowledge-graphs-unlocking-the-power-of-connected-data/

- **데이터 암호화**
  저장된 데이터와 전송 중인 데이터를 암호화하여 데이터 유출 시 정보 노출 위험을 줄여야 합니다.
- **감사 및 모니터링**
  누가, 언제, 어떤 데이터에 접근하고 변경했는지에 대한 로그를 기록하고 정기적으로 모니터링하여 의심스러운 활동이나 정책 위반을 탐지해야 합니다.
- **데이터 익명화/가명화**
  민감한 개인 정보가 지식그래프에 포함될 경우, 프라이버시 보호를 위해 익명화 또는 가명화 기법을 적용하는 것을 고려해야 합니다.

지식그래프의 강력한 데이터 연결 및 통합 능력은 큰 장점이지만, 이는 동시에 보안 및 접근 통제에 대한 철저한 고려를 요구합니다. 조직은 지식그래프를 설계하고 운영할 때, 데이터의 민감도를 평가하고, 명확한 접근 통제 정책을 수립하며, 강력한 기술적 보안 조치를 구현해야 합니다. 특히, 지식그래프를 활용하여 IAM 시스템 자체를 개선하려는 시도는 지식그래프가 보안 관리 영역에서도 중요한 역할을 할 수 있음을 보여줍니다.

4.5. 지식그래프 활용 및 추론

지식그래프 라이프사이클의 마지막 단계는 구축되고 관리되는 지식그래프를 실제 애플리케이션에서 활용하고, 저장된 지식을 기반으로 새로운 지식을 추론(Inference 또는 Reasoning)하는 과정입니다. 이 단계에서 지식그래프의 진정한 가치가 실현되며, 다양한 지능형 서비스와 분석이 가능해집니다. 활용은 지식그래프 데이터를 직접 쿼리하여 정보를 얻거나, 다른 시스템(예: 검색 엔진, 추천 시스템, QA 시스템)과 통합하여 사용하는 것을 포함합니다. 추론은 지식그래프에 명시적으로 저장되지 않은 사실이나 관계를 논리적 규칙이나 통계적 패턴 학습을 통해 도출해내는 과정을 의미합니다.

4.5.1. 지식그래프 활용 애플리케이션

지식그래프는 다양한 애플리케이션의 성능과 기능을 향상시키는 데 핵심적인 역할을 합니다. 서론에서 언급된 주요 활용 분야를 다시 살펴보면 다음과 같습니다.

- **시맨틱 검색**
  지식그래프는 검색 엔진이 사용자의 질의 의도를 더 깊이 이해하도록 돕습니다. 단순한 키워드 매칭을 넘어, 질의에 포함된 개체와 그들 간의 관계를 파악하여, 사용자가 찾고자 하는 정보('things, not strings')를 보다 정확하게 제공합니다. 예를 들어, 특정 인물에 대한 검색 시, 지식그래프는 해당 인물의 직업, 출생지, 관련 작품 등 구조화된 정보를 요약하여 보여주는 지식 패널을 생성하는 데 사용됩니다. 또한, 관련 개체나 토픽을 함께 제시하여 사용자의 정보 탐색을 돕습니다. 지식그래프는 질의어 확장, 문서 랭킹 개선 등 검색 프로세스 전반에 걸쳐 활용될 수 있습니다.
- **추천 시스템**
  지식그래프는 아이템(예: 영화, 상품, 뉴스 기사)과 사용자, 그리고 이들과 관련된 다양한 속성(예: 장르, 감독, 브랜드, 토픽) 및 관계를 풍부하게 표현합니다. 이를 통해 사용자-아이템 간의 상호작용 데이터가 부족한 상황(데이터 희소성, 콜드 스타트)에서도 아이템 간의 유사성이나 사용자의 잠재적 선호를 추론하여 보다 정확하고 다양한 추천을 제공할 수 있습니다. 예를 들어, 사용자가 특정 배우가 출연한 영화를 좋아했다면, 지식그래프를 통해 같은 배우가 출연한 다른 영화나 비슷한 장르의 영화를 추천할 수 있습니다. 또한, 추천의 근거를 지식그래프 내의 경로로 설명할 수 있어 추천의 투명성과 설득력을 높입니다.
- **질의응답**
  지식그래프는 자연어 질문에 대한 답변을 찾는 데 필요한 구조화된 지식을 제공합니다. QA 시스템은 질문을 분석하여 핵심 개체와 관계를 식별하고, 이를 SPARQL과 같은 쿼리로 변환하여 지식그래프에서 직접 답변을 검색합니다 [104]. 이는 방대한 텍스트 문서를 검색하는 것보다 훨씬 효율적일 수

104) Xiaohan Zou, A Survey on Application of Knowledge Graph

있습니다. 특히, 여러 사실을 조합해야 답을 찾을 수 있는 복잡한 질문(예: "타이타닉의 주연 배우가 출연한 다른 영화 중 아카데미 상을 받은 작품은?")에 대해, 지식그래프 내의 관계를 따라 여러 단계로 탐색하며 추론하는 데 강점을 보입니다.

- **데이터 통합 및 분석**

  지식그래프는 다양한 소스로부터 데이터를 통합하여 일관된 뷰를 제공함으로써, 조직 전체의 데이터를 연결하고 분석하는 기반을 마련합니다. 예를 들어, 기업 내 고객 데이터, 제품 데이터, 판매 데이터 등을 지식그래프로 통합하면, 고객 세분화, 제품 연관성 분석, 판매 동향 예측 등 보다 심층적인 비즈니스 분석이 가능해집니다. 또한, 그래프 구조는 네트워크 분석, 커뮤니티 탐지, 중심성 분석 등 그래프 고유의 분석 기법을 적용하여 숨겨진 패턴이나 중요한 연결 고리를 발견하는 데 유용합니다.

이 외에도 지식그래프는 금융 사기 탐지, 신약 개발, 공급망 최적화, 사이버 보안 위협 분석, 개인화된 교육 등 특정 도메인의 문제를 해결하는 데 점점 더 많이 활용되고 있습니다.

5장에서 지식그래프 활용에 도움이 될 수 있는 주요 시스템 아키텍처들을 제안하고 설명하였습니다. 각 아키텍처의 구성요소로서 지식그래프의 위치를 확인함으로써 지식그래프의 역할과 활용 방법을 이해할 수 있을 것입니다.

4.5.2. 지식그래프 추론

지식그래프 추론은 지식그래프에 명시적으로 저장된 사실로부터 논리적 규칙이나 학습된 패턴을 사용하여 암시적인 또는 누락된 새로운 사실을 도출하는 과정입니다. 지식그래프는 현실 세계의 모든 지식을 담을 수 없기 때문에 본질적으로 불완전하며, 추론은 이러한 불완전성을 보완하고 지식그래프의 활용 가치를 높이는 핵심적인 방법입니다.

예를 들어, (A, isLocatedIn, B)와 (B, isLocatedIn, C)라는 사실로부터 (A,

isLocatedIn, C)라는 새로운 사실을 추론하거나 (전이성 추론), (X, isMarriedTo, Y)로부터 (Y, isMarriedTo, X)를 추론할 수 있습니다 (대칭성 추론). 또한, 기존의 많은 사실들을 바탕으로 아직 알려지지 않은 관계(링크)를 예측하는 것도 추론의 중요한 영역입니다. 지식그래프 추론 방법은 크게 규칙 기반 추론과 임베딩 기반 추론으로 나눌 수 있습니다.

4.5.2.1. 규칙 기반 추론

규칙 기반 추론(Rule-based Reasoning)은 논리 규칙을 사용하여 지식그래프로부터 새로운 사실을 연역적으로 추론하는 방식입니다. 이러한 규칙은 온톨로지에 정의된 의미론적 제약 조건이나 도메인 전문가가 정의한 규칙 형태를 따릅니다.

- **온톨로지 기반 추론**
  RDFS와 OWL은 클래스 계층 구조(rdfs:subClassOf), 속성 계층 구조(rdfs:subPropertyOf), 속성 특성(대칭성 owl:SymmetricProperty, 전이성 owl:TransitiveProperty, 역관계 owl:inverseOf 등), 클래스 관계(동일성 owl:equivalentClass, 상반성 owl:disjointWith) 등 풍부한 의미론적 표현을 제공합니다. 추론 엔진은 이러한 온톨로지 정의를 해석하여 자동으로 새로운 트리플을 추론합니다.
  - ex:Dog rdfs:subClassOf ex:Animal이고 ex:Fido rdf:type ex:Dog이면, 추론 엔진은 ex:Fido rdf:type ex:Animal이라는 사실을 추론할 수 있습니다. OWL 2 RL 프로파일은 특히 규칙 기반 추론 시스템으로 구현하기에 적합하도록 설계되었습니다.
- **규칙 언어**
  온톨로지 표준 외에도, SWRL이나 SPIN과 같은 언어를 사용하여 더 복잡하거나 사용자 정의된 추론 규칙을 명시적으로 정의할 수 있습니다. 이러한 규칙은 보통 "IF 조건 THEN 결론" 형태를 가지며, 조건 부분이 지식그래프의 패턴과 일치하면 결론 부분의 새로운 트리플을 생성합니다.

규칙을 기반의 추론 방식은 다음과 같습니다.

- **순방향 추론(Forward Chaining)**
  데이터가 추가되거나 변경될 때 관련된 모든 규칙을 적용하여 추론 가능한 모든 사실을 미리 계산하여 저장하는 방식입니다. 쿼리 시점에는 이미 추론된 결과를 포함하여 빠르게 조회할 수 있지만, 데이터 변경 시 추론 결과를 업데이트해야 하는 비용이 발생합니다.
- **역방향 추론(Backward Chaining)**
  쿼리가 주어졌을 때, 해당 쿼리에 답하는 데 필요한 추론 규칙들을 역으로 탐색하여 필요한 사실들만 추론하는 방식입니다. 저장 공간은 절약되지만, 쿼리 실행 시 추론 비용이 발생하여 응답 시간이 길어질 수 있습니다.

앞서 설명한 규칙 기반 방식은 추론 과정이 명시적인 규칙에 기반하므로 결과를 해석하고 설명하기 용이합니다. 논리적으로 보장된 결론을 도출할 수 있습니다. 반면 대규모 지식그래프에 대해 모든 규칙을 적용하는 것은 계산 비용이 매우 높을 수 있습니다[105]. 규칙 자체가 불완전하거나 현실 세계의 복잡하고 불확실한 지식을 표현하는 데 한계가 있을 수 있습니다. 또한, 규칙을 정의하고 관리하는 데 전문 지식이 필요할 수 있습니다.

4.5.2.2. 임베딩 기반 추론

임베딩 기반 추론은 지식그래프 임베딩(Knowledge Graph Embedding; KGE) 또는 지식 표현 학습(Knowledge Representation Learning; KRL)이라고도 불리며, 지식그래프의 개체와 관계를 저차원의 연속적인 벡터 공간에 매핑하는 접근 방식입니다. 이 임베딩 벡터들은 개체와 관계의 의미론적 정보와 지식그래프의 구조적 특징을 함축하도록 학습됩니다.

임베딩 기반 추론 메커니즘에서 특히 링크 예측은 학습된 임베딩 벡터들(예: 주어 개체 h, 관계 r, 목적어 개체 t)을 입력으로 받아 해당 삼중항(h, r, t)의 타

105) Neo4j, A Reasonable RDF Graph Database & Engine, https://neo4j.com/blog/knowledge-graph/neo4j-rdf-graph-database-reasoning-engine/

당성을 측정하는 점수 함수를 정의함으로써 수행됩니다[106]. 일반적으로 점수가 높거나 벡터 간의 거리 또는 에너지가 낮을수록 해당 삼중항이 사실일 가능성이 높다고 간주합니다. (h, r, ?)와 같은 쿼리가 주어지면, 가능한 모든 목적어 개체에 대해 점수를 계산하고 가장 높은 점수를 얻는 개체를 예측 결과로 선택하는 방식으로 링크 예측이 이루어집니다. 임베딩 기반의 추론 메커니즘의 핵심 구성 요소는 다음과 같습니다.

- **표현 공간**

  개체와 관계가 임베딩되는 수학적 공간을 의미합니다. 가장 일반적으로 실수 벡터 공간이 사용되지만, 관계의 복잡한 패턴(예: 대칭성, 비대칭성)을 더 잘 모델링하기 위해 복소수 벡터 공간이나 쿼터니언과 같은 하이퍼복소수 공간[107]을 사용하기도 합니다. 또한, 불확실성을 모델링하기 위한 가우시안 분포 공간이나 계층 구조 표현에 유리한 비유클리드 공간(예: 다양체) 등 다양한 표현 공간이 연구되고 있습니다.
- **점수 함수**

  주어진 삼중항의 타당성을 평가하는 함수입니다. 크게 두 가지 유형으로 나눌 수 있습니다

  - 거리 기반: 관계를 주어 개체에서 목적어 개체로의 변환으로 간주하고, 변환된 주어 개체 임베딩과 목적어 개체 임베딩 간의 거리를 기반으로 점수를 계산합니다.
  - 의미론적 매칭/유사도 기반: 주어 개체, 관계, 목적어 개체 임베딩 간의 의미론적 유사도를 측정하여 점수를 계산합니다. 주로 내적이나 이선형 변환과 같은 곱셈 기반 연산을 사용합니다.

임베딩 기반 추론은 벡터 및 행렬 연산을 기반으로 하기 때문에, 대규모 지식

106) The Alan Turing Institute, Knowledge graphs, https://www.turing.ac.uk/research/interest-groups/knowledge-graphs

107) Yanzeng Li and Lei Zou (2023), gBuilder: A Scalable Knowledge Graph Construction System for Unstructured Corpus

그래프에 대한 확장성이 뛰어나고, 계산 효율성 또한 높은 장점이 있습니다. 또한, 데이터에 내재된 잠재적인 의미론적 패턴을 학습할 수 있으며, 일부 노이즈가 포함된 데이터에 대해서도 강건하게 작동하는 특성을 보입니다.

반면, 가장 큰 단점은 추론 과정의 설명 가능성이 부족하다는 점입니다. 임베딩 벡터와 점수 함수의 연산 결과가 왜 특정 링크를 예측했는지를 직관적으로 이해하기 어렵다는 한계가 있습니다. 또한, 명시적인 논리 규칙이나 도메인 지식을 모델에 직접 통합하는 것이 어렵고, 연결 정보가 희소한 개체나 관계에 대해서는 성능이 저하될 수 있습니다. 이처럼 데이터 의존성이 높은 특성은 임베딩 기반 추론을 위해 다양한 모델들이 제안되었으며, 대표적인 모델의 특징은 다음과 같습니다.

- **TransE**
  관계를 임베딩 공간에서의 변환으로 모델링합니다. 즉, 올바른 삼중항 (h, r, t)에 대해 주어 개체 임베딩 h와 관계 임베딩 r의 합이 목적어 개체 임베딩 t와 가까워지도록 학습합니다($h + r \approx t$).
  - 점수 함수: $d(h + r, t)$로 정의되며, 여기서 d는 L1 또는 L2 거리를 의미합니다. 거리가 작을수록 해당 삼중항의 타당성이 높다고 판단합니다.
  - 특징: 모델 구조가 매우 단순하고 효율적이며, 역관계나 학섭 관계 패턴을 잘 모델링할 수 있습니다. 그러나 1-N, N-1, N-N 관계나 대칭적 관계를 표현하는 데는 한계가 있습니다[108].
- **DistMult**
  각 관계를 대각 행렬로 표현하는 이선형 모델을 사용합니다.
  - 점수 함수: 삼중항 (h, r, t)의 점수는 $Score(h, r, t) = h^T diag(r)\, t$로 계산되며, 이는 주어(h)와 목적어(t) 임베딩의 요소별 곱과 관계(r) 임베딩의 내적(dot product)으로 해석할 수 있습니다.
  - 특징: TransE와 유사하게 확장성이 뛰어나고 효율적이며, 일부 벤치마크

108) Bordes et al., NeurIPS 2013

데이터셋에서는 TransE보다 우수한 성능을 보입니다. 그러나 대각 행렬만을 사용하기 때문에 대칭적 관계만을 자연스럽게 모델링할 수 있다는 제약이 있습니다[109].

- **ComplEx**

  DistMult 모델을 확장하여 실수 벡터 대신 복소수 벡터를 사용합니다.

  - 점수 함수: 에르미트 내적의 실수부를 점수 함수로 사용합니다. 즉, Score(h, r, t) = Re(⟨h, r, $\bar{t}$⟩) 또는 Re(r^T h $\bar{t}$⟩)로 계산하며, 여기서 $\bar{t}$는 목적어 임베딩의 켤레 복소수입니다.
  - 특징: 복소수 임베딩을 통해 대칭적 관계뿐 아니라 비대칭적 관계까지 효과적으로 모델링할 수 있습니다. 많은 벤치마크 데이터셋에서 당시 최고 수준의 성능을 기록했으며, 복잡하지 않은 구조로 확장성을 확보했습니다[110].

이러한 임베딩 기반 모델들의 발전 과정을 살펴보면, 예를 들어 TransE에서 DistMult, ComplEx, RotatE, QuatE로 이어지는 흐름 속에서, 모델의 표현력을 높여 대칭성, 비대칭성, 합성, 계층, 전이성 등 더욱 복잡한 관계 패턴을 포착하려는 뚜렷한 경향을 관찰할 수 있습니다. 이러한 발전은 종종 실수 공간에서 복소수 공간, 하이퍼복소수 공간, 다양체 등 더 풍부한 수학적 공간으로 표현 영역을 확장하는 방식으로 이루어졌습니다.

초기 모델들의 한계점, 예를 들어 TransE의 대칭 관계 처리 미흡, DistMult의 비대칭 관계 처리 불가 같은 문제를 극복하기 위해, 후속 모델들은 점점 더 정교한 수학적 형식주의를 채택하게 되었습니다. 이는 모델의 단순성과 표현력 사이의 트레이드오프(trade-off)를 반영하는 것으로, 더 큰 표현력을 얻기 위해 어느 정도의 단순성을 희생하는 방향으로 발전해왔음을 시사합니다.

---

109) Bishan Yang et al. (2015), Embedding Entities and Relations for Learning and Inference in Knowledge Bases

110) Théo Trouillon et al. (2016), Complex Embeddings for Simple Link Prediction

4.5.2.3. 신경-기호 추론 및 최신 동향

최근 지식그래프 추론 연구는 규칙 기반 접근법과 임베딩 기반 접근법의 장점을 결합하려는 방향으로 나아가고 있습니다. 이는 순수한 규칙 기반 방식이 가진 취약성과 확장성 문제, 그리고 순수한 임베딩 기반 방식의 설명력 부재라는 각자의 한계를 극복하기 위한 자연스러운 흐름이라고 볼 수 있습니다.

이러한 시도는 신경망이 가진 통계적 학습 능력과, 기호적 추론이 제공하는 논리적 엄밀성과 설명가능성을 동시에 갖춘 시스템을 구축하려는 노력의 일환입니다. 즉, 단순히 예측 정확도만을 높이는 것이 아니라, 추론 과정의 해석 가능성과 논리적 일관성까지 확보하려는 방향으로 연구가 발전하고 있습니다.

- **신경-기호 추론(Neuro-Symbolic Reasoning)**
  신경-기호 추론 접근법은 규칙과 임베딩을 다양한 방식으로 통합하는 것을 목표로 합니다. 예를 들어, 규칙으로부터 추론된 사실을 소프트 레이블 형태로 임베딩 모델 학습에 활용하거나, 규칙 자체를 개체와 관계와 함께 임베딩 공간에 표현하여 학습하는 방식이 제안되었습니다. 또한, 임베딩 모델의 점수 함수 결과를 논리적 프레임워크 내에서 확률적 참값으로 근사하여 사용하는 방법도 등장하였습니다. 이러한 융합 시도는 지식그래프 추론 분야가 성숙해짐에 따라 단일 접근법만으로는 한계가 존재한다는 인식이 확산되고 있음을 보여줍니다.
- **그래프 신경망(Graph Neural Networks, GNNs)**
  그래프 신경망은 그래프 구조 데이터를 자연스럽게 처리할 수 있는 모델 아키텍처로, 지식그래프 추론 분야에서도 활발히 적용되고 있습니다. GNN은 각 노드(개체)의 이웃 노드 정보를 집계하여 노드 표현을 학습하기 때문에, 지역적인 그래프 구조 정보를 효과적으로 포착하여 링크 예측 성능을 높일 수 있습니다. 특히 복잡한 관계망을 갖는 지식그래프 환경에서 GNN은 효율적인 표현 학습 방법으로 주목받고 있습니다.
- **시간적 지식그래프(Temporal Knowledge Graphs, TKGs)**
  전통적인 지식그래프가 정적인 사실만을 다루는 데 비해, 최근에는 시간 정보를 추가하여 (주어, 관계, 목적어, 시간) 형태의 사중항으로 표현하는 시간적 지식그래프에 대한 관심이 높아지고 있습니다. TKGs에서는 개체와 관계가 시간에 따라 동적으로 변화하기 때문에, 이를 모델링하기 위한 새로운 추론 기법이 요구되고 있습니다. 시간 축을 고려한 예측, 변화 탐지 등 다양한 연구가 활발히 진행되고 있습니다.

- **대규모 언어 모델과의 통합**
  최근에는 지식그래프와 대규모 언어모델을 통합하려는 연구가 빠르게 증가하고 있습니다. 지식그래프는 LLM이 생성하는 정보의 사실성을 보강하고, 구조화된 지식을 제공하는 데 활용될 수 있습니다. 반대로 LLM은 자연어 이해 능력을 바탕으로 지식그래프 구축, 확장, 추론 과정을 향상시키는 데 기여할 수 있습니다. 이러한 상호 보완적 관계는 향후 지식기반 AI 시스템 발전의 핵심 축이 될 것으로 기대되고 있습니다.

이러한 최신 동향들은 지식그래프 추론 기술이 단순히 누락된 링크를 예측하는 것을 넘어, 더욱 복잡하고 동적인 현실 세계의 지식을 이해하고 추론하는 방향으로 발전하고 있음을 보여줍니다. 또한, 어떤 추론 방법론이든 그 효과는 기반이 되는 지식그래프의 품질과 특성에 크게 의존한다는 점을 다시금 상기시킵니다.

예를 들어, 규칙 마이닝은 충분한 구조적 패턴이 존재해야 가능하며, 임베딩 학습은 개체 및 관계당 충분한 연결 정보가 필요합니다. 시간 정보나 이미지, 텍스트와 같은 다중 모달 정보가 추가된 지식그래프는 추론 작업 자체의 본질을 변화시키며, 이에 맞는 새로운 모델 아키텍처(예: TKGRL 모델, 다중모달 KGC 모델)의 개발을 촉진하고 있습니다.

결국, 지식그래프 추론 기술의 발전은 지식그래프 구축 및 표현 기술의 발전과 밀접하게 연관되어 있으며, 두 영역은 서로 보완하며 함께 성장할 수밖에 없습니다.

4.5.2.4. 요약 및 비교

지식그래프 추론은 본질적으로 불완전한 지식그래프의 한계를 극복하고 활용 가치를 극대화하기 위한 필수적인 기술입니다. 새로운 사실을 발견하고 누락된 정보를 추론함으로써, 지식그래프는 더욱 풍부하고 연결된 지식 체계를 갖추게 되며, 이를 기반으로 다양한 인공지능 응용 시스템의 성능을 향상시킬 수 있습니다.

주요 추론 기법으로는 명시적인 논리 규칙을 사용하는 규칙 기반 추론과 개체 및 관계를 벡터 공간에 표현하는 임베딩 기반 추론이 있습니다. 규칙 기반 추론은 높은 설명가능성을 제공하지만 확장성과 노이즈 처리 능력에 한계가 있으며, 임베딩 기반 추론은 뛰어난 확장성과 노이즈 강건성을 보이는 반면 추론 과정의 불투명성이라는 단점을 가집니다.

이러한 각 기법의 장단점을 보완하기 위해, 최근에는 두 접근법을 결합하는 신경-기호 추론 방식과 함께, 그래프 신경망(GNN), 시간적 지식그래프(TKG), 대규모 언어모델과의 통합 등 새로운 연구 방향들이 활발히 탐색되고 있습니다.

아래 표는 규칙 기반 추론과 임베딩 기반 추론의 주요 특징을 비교하여 요약한 것입니다.

[규칙 기반 추론과 임베딩 기반 추론 비교]

특징	규칙 기반 추론	임베딩 기반 추론
핵심 원리	명시적 논리 규칙	잠재적 벡터 공간 표현
설명가능성	높음(규칙이 명시적)	낮음(벡터 연산은 불투명)
확장성	상대적으로 낮음(규칙 탐색 공간)	높음(벡터 연산)
노이즈/예외 처리	취약함(규칙은 엄격함)	상대적으로 강건함(통계적 학습)
OWA 처리	어려움(PCA 등 가정 필요)	암묵적 처리(긍정 예제 학습, 네거티브 샘플링 사용)
데이터 요구사항	구조적 패턴 필요	개체/관계 당 충분한 연결/예제 필요
명시적 지식 통합	자연스러움	어려움(특수 기법 필요)
주요 모델/예시	AMIE, ILP 기반 방법 등	TransE, DistMult, ComplEx, RotatE, GNNs 등

5

지식그래프 활용을 위한 시스템 아키텍처

5.1. 지식그래프를 활용한 검색엔진

5.2. RAG

5.3. 추천시스템에서의 지식그래프

5.4. 사기탐지

5 지식그래프 활용을 위한 시스템 아키텍처

지식그래프는 단순한 데이터베이스가 아닌, 현실 세계의 복잡한 개체들과 그들 사이의 관계를 구조화된 네트워크로 표현함으로써, 시스템이 '단순히 기억'하는 수준을 넘어 '이해하고 연결'할 수 있도록 돕는 프레임워크입니다. 이번 장에서는 지식그래프가 다양한 시스템에서 어떻게 사용되는지 각 시스템 아키텍처를 분야별로 살펴보겠습니다.

5.1. 지식그래프를 활용한 검색엔진

지식그래프 기반 검색엔진은 단순한 키워드 매칭 방식이 아닌, 질의 속 개체와 관계를 이해하고, 이를 구조화된 지식망 위에서 탐색함으로써 보다 정확하고 의미 있는 정보를 제공합니다. 아래는 이 시스템이 실제로 어떻게 작동하는지를 단계별로 정리한 내용입니다.

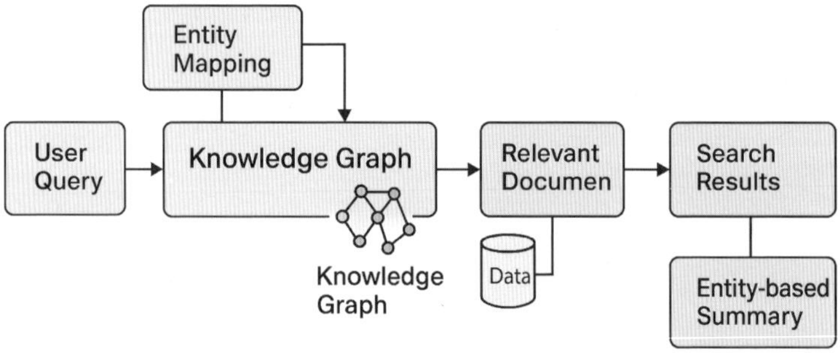

[지식그래프 기반의 검색엔진 architecture]

① 사용자 질의 입력

- 검색의 출발점은 사용자의 자연어 질문입니다. 예를 들어, "2023년에 개정된 개인정보 관련 지침이 뭐야?"라는 질문을 입력한다고 가정해봅시다.

② 개체 및 관계 추출

- 입력된 문장을 분석해, 지식그래프를 구축하기 위한 핵심 개체와 관계를 추출합니다. 이 과정에서 자연어처리 기술인 개체명 인식(NER) 등이 활용되며, 다음과 같은 정보를 식별할 수 있습니다.
  - 개체(Entity): "개인정보 지침", "2023년"
  - 관계(Relation): "개정", "시행"
- 이처럼 문장 속에 숨어 있는 의미 단위들을 구조화하기 위한 1차 해석이 이루어집니다.

③ 지식그래프 매핑

- 추출된 개체들을 실제 지식그래프 내에 존재하는 노드들과 연결합니다. 예

를 들어 "개인정보 지침"이라는 개체는 그래프의 특정 노드에 대응되며, 그 노드에는 "개정일자"라는 속성이 함께 연결되어 있을 수 있습니다. 이 단계에서는 "개정일자 = 2023년"이라는 조건을 만족하는 노드나 관계가 있는지를 탐색하게 됩니다.

④ 그래프 탐색 및 질의 수행

- 매핑된 개체와 조건을 바탕으로, 지식그래프 내에서 관련 노드와 경로를 추론합니다. 이때 사용되는 질의 언어로는 SPARQL, Cypher등이 대표적이며, 그래프 데이터베이스(예: Neo4j, Blazegraph 등)를 활용해 정보 간 관계를 탐색합니다.

```
MATCH
(policy:Guideline {title: "개인정보 지침", revisedYear: "2023"})-[:LINKED_
DOCUMENT]->(doc)
RETURN doc
```

⑤ 관련 문서/데이터 검색

- 그래프 탐색 결과로 도출된 노드(예: 특정 정책 지침)는 종종 외부 데이터 소스와 연결되어 있습니다. 이 단계에서는 해당 노드와 연결된 관련 문서, 보고서, 데이터등을 함께 검색할 수 있습니다.

⑥ 최종 응답 구성 및 시각화

- 마지막으로, 사용자에게 제공되는 검색 결과는 단순한 문서 리스트가 아닌, 사용자의 질의와 연결된 개체들 간의 관계망을 시각화하여 함께 표시할 수 있습니다. 이러한 결과는 사용자가 정보를 더 깊이 이해하고, 신뢰할 수 있는 출처를 확인할 수 있도록 돕습니다.

```
[정책명] 개인정보 보호 지침
[개정 연도] 2023
```

[시행일자] 2023-03-01
[소관 부서] 정책기획팀
[문서 ID] doc_423

5.2. RAG

최근의 검색 시스템은 단순히 문서를 찾아 보여주는 수준을 넘어, 사용자의 질문에 대해 '지식 기반'으로 직접 답변을 생성하는 시스템으로 진화하고 있습니다. 그 중심에 있는 기술이 바로 RAG(Retrieval-Augmented Generation)입니다.

RAG는 LLM과 외부 지식 소스를 결합해 응답을 생성하는 구조입니다. 기본 개념은 간단합니다. 사용자가 질문을 하면, LLM이 스스로 모든 답을 생성하는 것이 아니라, 외부에서 관련 정보를 검색해 온 뒤, 그 정보를 바탕으로 신뢰할 수 있는 응답을 생성하는 방식입니다.

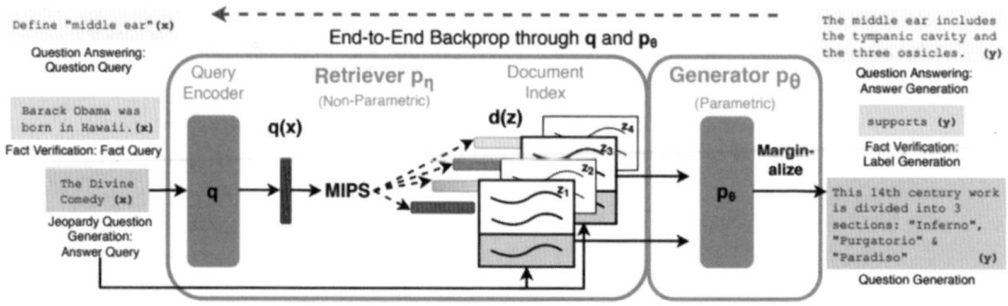

[RAG architecture[111]]

이 그림은 전통적인 RAG의 구조를 보여줍니다. 사용자의 질의는 Query Encoder를 통해 벡터로 변환되고 Retriever는 문서 인덱스에서 가장 관련 있는 텍스트를 검색합니다. 검색된 문서 정보는 Generator에게 전달되어 최종

111) Patrick Lewis et al. (2020), Retrieval-Augmented Generation for Knowledge-Intensive NLP Tasks

응답이 생성됩니다. 전체 프로세스는 엔드 투 엔드 학습이 가능하게 설계되어 있으며, 이 구조는 단순한 문서 검색을 넘어서, 지식 기반 응답 생성을 가능하게 합니다.

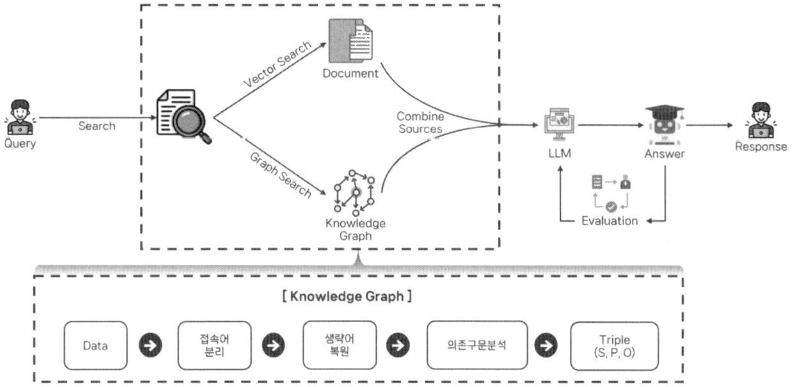

[Hybrid RAG architecture]

위의 그림은 전통적인 RAG에 지식그래프를 활용한 Hybrid RAG 아키텍처입니다. 기존 RAG가 문서만을 대상으로 검색했다면, 여기서는 지식그래프도 함께 질의 대상으로 활용됩니다.

① 사용자 질의 입력

- 사용자가 LLM에 "톰 행크스가 출연한 SF 영화는?"이라는 질문을 입력합니다.

② 검색 단계: Dual Retrieval

- **Vector Search**

  기존의 문서에서 의미 유사성을 기반으로 검색하는 방법입니다.

  - 영화 리뷰, 뉴스 기사, 위키백과 등에서 관련 문장 추출

- **Graph Search**

  지식그래프 내에서 '톰 행크스' 노드를 기준으로 연결된 영화, 장르, 감독 등을 탐색하는 방법입니다.

- 'SF' 장르, '크리스토퍼 놀란' 감독과 연결된 노드까지 의미적 확장 가능

③ 정보 결합 및 LLM 입력

- 문서와 지식그래프에서 추출된 정보들을 조합하여 LLM에게 전달합니다.
  - 문장 단위 설명 + 그래프에서 추출한 엔티티,속성,관계
  - LLM은 이 정보를 문맥에 맞게 조합하여 응답 생성

④ 지식 기반 응답 생성

- LLM은 입력된 정보들을 기반으로 단순한 "언어 생성"이 아닌, 질문과 연결된 정확하고 설명 가능한 응답을 생성하게 됩니다.
  - "톰 행크스가 출연한 SF 영화로는 '클라우드 아틀라스'가 있으며, 이 작품은 워쇼스키 감독이 연출하고 복수의 시간대를 오가는 서사 구조를 가집니다."

결국, 지식그래프는 RAG의 정보 신뢰도와 응답 품질을 높이는 핵심 구성 요소로, LLM이 가진 본질적 한계를 보완하는 역할을 수행합니다.

[지식그래프를 활용한 LLM의 문제점 해결]

LLM의 문제점	지식그래프의 기여
환각(Hallucination)	검증된 개체와 관계만 사용해 사실 기반 응답 제공
근거 부족	출처 문서 + 관계 경로 시각화 가능
유연성 부족	문서에 없는 개념도 관계를 통해 유추 가능
정보 누락	문서에서 명시되지 않은 정보도 그래프 탐색으로 보완

5.3. 추천시스템에서의 지식그래프

추천 시스템은 사용자의 취향에 맞는 콘텐츠를 제안하는 핵심 기술입니다. 지식그래프 기반 추천 시스템은 플랫폼에서 상품과 사용자 간의 관계를 구조화하고, 이를 바탕으로 더욱 정확하고 설명력 있는 추천을 가능하게 합니다. 특히 단순한 협업 필터링 기반 추천을 넘어, 상품의 속성, 사용자 행동, 맥락 정보까지 통합하여 풍부한 연결 기반의 개인화를 실현할 수 있습니다.

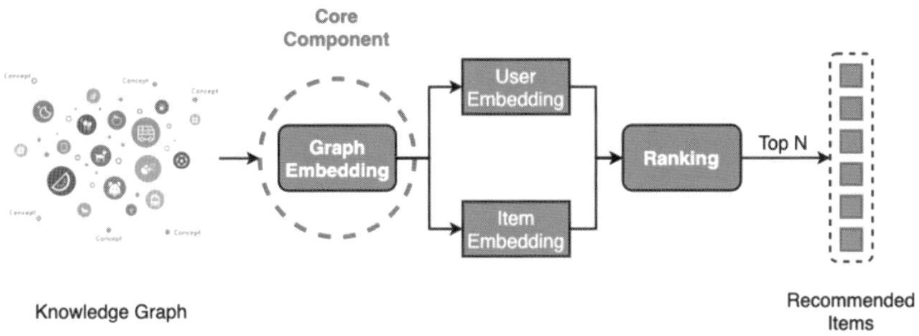

[추천시스템 architecture[112)]]

위 그림은 추천 시스템의 전반적인 구조를 단순화한 것으로, 지식그래프로부터 임베딩을 생성한 뒤 사용자와 아이템 정보를 벡터로 표현하고, 이를 기반으로 유사도 또는 선호도를 계산하여 최종 추천 결과를 산출하게 됩니다. 이제부터는 위 그림의 흐름을 바탕으로 각 구성 요소가 어떻게 작동하는지에 대해 살펴보겠습니다.

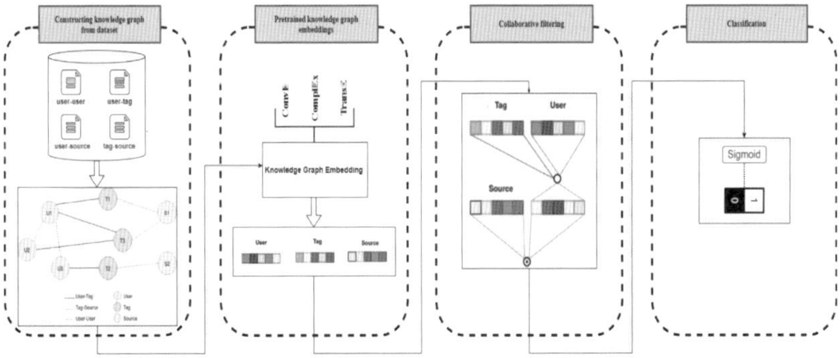

Fig. 1. Proposed architecture for source recommendation.

[추천시스템 구성요소[113)]]

112) Yang Gao et al. (2020), Deep Learning on Knowledge Graph for Recommender System: A Survey

113) Zeinab Shokrzadeh et al. (2024), Knowledge graph-based recommendation system enhanced by neural collaborative filtering and knowledge graph embedding

① 지식그래프 구축

플랫폼에서 사용자, 상품, 브랜드, 카테고리, 태그, 검색어, 행동 로그 등을 수집하여 노드로 정의하고, 이들 간의 관계(구매, 조회, 속성 포함, 팔로우 등)를 엣지로 구성해 그래프를 만듭니다.

<사용자 A, 조회, 상품 X>
<상품 X, 속성, 러닝화>
<사용자 A, 팔로우, 사용자 B>

예를 들어, 사용자가 특정 상품을 구매하거나 조회한 이력이 있다면, '구매' 또는 '조회'라는 관계를 통해 사용자 노드와 상품 노드를 연결합니다. 상품에 부여된 태그나 브랜드 정보도 마찬가지 방식으로 연결되며, 이처럼 구축된 그래프는 복잡한 관계를 시각적이고 기계적으로 다룰 수 있도록 도와줍니다.

② 지식그래프 임베딩

구축된 지식그래프는 인간이 이해하기에는 직관적이지만, 기계학습 모델이 처리하기에는 부적합한 형태입니다. 따라서 이 구조를 벡터 공간으로 변환하는 임베딩 과정이 필요합니다.

이 과정에서는 각 노드와 관계를 고차원의 희소한 표현이 아닌, 정보가 압축된 저차원의 밀집 벡터로 변환하게 됩니다. 이를 통해 유사한 의미를 가진 노드끼리는 유사한 벡터인 숫자로 표현되며, 기계학습 모델이 이를 활용해 관계성을 학습할 수 있게 됩니다. 활용할 수 있는 대표적인 임베딩 기법은 다음과 같습니다.

- TransE
  관계를 벡터 간 평행 이동으로 모델링하여, 를 만족하는 방식으로 학습합니다. 여기서 는 "주어(h)가 관계(r)를 통해 목적어(t)로 연결된다"는 사실을 벡터 공간에서 표현한 식입니다.

- **ComplEx**
  복소수 공간을 활용하여 방향성이나 비대칭 관계까지 효과적으로 표현할 수 있습니다.
- **KGAT**
  그래프 신경망 기반의 기법으로, 이웃 노드의 중요도를 attention 방식으로 조정하며 임베딩합니다.

이러한 임베딩 과정을 통해 사용자, 상품, 태그 등의 모든 요소는 동일한 벡터 공간 내에 표현되며, 이는 이후 유사도 계산과 예측 모델의 입력으로 활용할 수 있습니다.

③ 협업 필터링 및 유사도 추론

앞서 임베딩 과정을 통해 사용자, 아이템, 태그 등 다양한 요소들이 벡터로 변환되었습니다. 이제 이 벡터 정보를 활용해, 사용자와 아이템 간에 얼마나 "가까운지" 즉, 사용자가 특정 아이템을 좋아할 가능성이 얼마나 높은지를 계산하는 단계입니다.

이 단계는 행동 이력과 지식그래프에서 얻은 의미 기반의 관계 정보까지 반영한다는 점에서 정교한 분석이 가능합니다. 유사도를 계산하는 방법은 다음과 같습니다.

- 벡터 간 내적 또는 코사인 유사도사용자 벡터와 아이템 벡터가 서로 얼마나 유사한지 수치로 계산합니다. 두 벡터의 방향이 비슷할수록 "이 사용자는 이 아이템을 좋아할 가능성이 높다"고 판단합니다.
- 메타패스를 활용한 간접 관계 탐색지식그래프의 연결 구조를 따라, 사용자와 아이템 사이의 간접적인 연결 경로를 탐색합니다.

사용자 → ['운동' 태그] → 아이템
: 사용자가 '운동'과 관련된 태그를 자주 클릭했다면, '운동' 태그가 붙은 아이템을 추천

- **이웃 기반 협업 필터링**
  비슷한 취향을 가진 사용자 그룹을 찾아, 그들이 좋아한 아이템을 추천하거나, 사용자가 이미 본 아이템과 유사한 상품을 추천하는 '나와 비슷한 사람', 또는 '내가 본 것과 비슷한 상품'을 기준으로 추천하는 방식입니다.

이러한 과정을 통해 시스템은 "사용자가 관심 있어 할 가능성이 높은 아이템 Top-N 리스트"를 도출합니다. 이는 이후 랭킹 단계로 넘어가, 실제 추천 순서와 점수에 반영됩니다.

④ 추천 예측 모듈

앞 단계에서 추천 시스템은 사용자의 선호에 맞을 법한 Top-N 아이템 후보군을 뽑아냈습니다. 이제는 이 후보 아이템들 중에서 실제로 얼마나 좋아할 가능성이 있는지, 또는 어떤 순서로 추천할지를 정하는 단계입니다. 즉, 후보를 평가하고, 최종 추천 리스트를 확정하는 과정입니다. 이 과정에서는 다음과 같은 신경망 기반의 분류 모델이나 랭킹 모델이 주로 사용됩니다.

- **확률 예측 모델**
  MLP는 여러 개의 은닉층을 가진 신경망입니다. 이 모델은 "사용자가 이 아이템을 클릭하거나 구매할 확률"을 예측합니다.
  - A 사용자에게 B 상품이 추천 후보로 들어왔을 때, 이 상품을 클릭할 확률이 84%라고 예측되면, 이 수치를 기준으로 추천 우선순위가 정해집니다.
- **랭킹 모델**
  BPR, RankNet 등은 대표적인 랭킹 학습 기법입니다. 이 모델들은 후보 아이템 간의 상대적인 순서를 학습합니다.
  - A 상품은 B보다 선호도가 높고, B는 C보다 높다 → 이런 상대적 순위를 기반으로 추천 순서 결정
- **비즈니스 룰 또는 앙상블 후처리**
  모델의 예측 결과에 비즈니스 관점의 전략을 추가하는 경우도 많습니다. 또는 여러 모델의 결과를 앙상블해, 다양한 관점을 조합하여 더 정교한 추

천 결과를 생성할 수도 있습니다.

- "신상품 우선 노출", "재고 부족 상품 제외", "리뷰 수 많은 순 정렬"

⑤ 플랫폼 연동 및 피드백 루프

마지막 단계에서는 예측된 추천 결과를 실제 사용자 플랫폼에 실시간으로 제공하게 됩니다. 예를 들어 쇼핑몰 플랫폼에서는 사용자가 페이지를 방문할 때마다 개인화된 추천 리스트가 자동으로 노출될 수 있도록 구현합니다. 또한, 사용자의 클릭, 구매 등의 반응은 다시 시스템으로 되돌아오며 피드백 루프를 구성합니다. 이 데이터는 다음 모델 학습에 활용되어 추천의 품질을 점점 더 높이는 데 기여하게 됩니다.

5.4. 사기탐지

지식그래프 기반 사기 탐지 시스템은 개체 간의 관계를 그래프 구조로 표현하고, 이를 통해 기존의 룰 기반 탐지로는 식별하기 어려운 은밀하고 비정형적인 패턴을 효과적으로 포착할 수 있도록 설계됩니다. 일반적으로 이러한 시스템은 다음과 같은 단계로 구성할 수 있습니다.

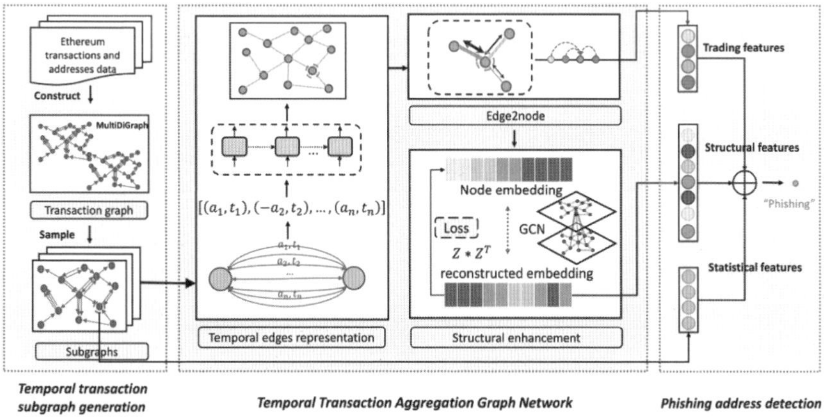

[사기탐지 architecture[114)]]

114) Baran Kılıç et al. (2022), Fraud Detection in Blockchains using Machine Learning

① 지식그래프 구축

먼저 다양한 출처의 데이터를 수집하여 지식그래프 형태로 통합합니다. 이 그래프는 사람, 이메일, 계좌, 거래 기록 등 다양한 개체를 노드로, 이들 간의 관계를 엣지로 모델링합니다.

사용자 A → 거래 → 사용자 B
사용자 A → 계좌 → 001
사용자 B → 계좌 → 002

이러한 다층 구조는 단순한 행위 이상으로 개체 간의 연쇄적 관계를 포착하는 데 효과적입니다.

② 시간 정보 반영 및 서브그래프 추출

사기 행위는 종종 짧은 시간 내에 집중적으로 발생하거나, 의도적으로 시간 간격을 조절하여 탐지를 회피하는 경향이 있습니다. 이를 고려하여, 그래프를 단순 정적 구조로 다루지 않고 시간 축을 포함한 서브그래프를 다음과 같은 형태로 분해합니다.

- 사용자의 거래 히스토리를 시간 단위로 분할
- 시간에 따른 관계 변화(급격한 송금 증가, 짧은 간격 반복 거래 등)를 반영

이 과정은 정상/비정상 패턴을 구분하는 핵심적인 과정이라 할 수 있습니다.

③ 그래프 임베딩 및 행동 표현

그래프를 구성한 뒤에는, 이를 딥러닝 모델에서 처리할 수 있는 벡터 형태로 변환합니다. 이때 노드와 엣지의 구조적, 시간적, 의미적 특징을 반영한 다음과 같은 그래프 임베딩 기법이 활용됩니다.

- 각 노드의 주변 구조, 연결 중심성, 거래 방향성 등을 반영

- 시간 기반 패턴까지 학습할 수 있도록 그래프 신경망(GCN, GAT 등) 적용

이 임베딩 결과는 각 개체가 어떤 행동 특성을 갖고 있는지를 숫자로 표현한 결과물이며, 이 정보를 기반으로 이상 행위를 탐지하게 됩니다.

④ 특징 추출 및 패턴 분석

그래프 임베딩 결과로부터 사기 탐지에 활용할 수 있는 복합적인 특징들을 추출합니다. 이는 다음과 같은 전통적인 수치형 특징과 구조적 특징을 모두 포함합니다.

- **통계적 특징**
  거래 횟수, 금액 분포, 거래 간격 등
- **구조적 특징**
  이웃의 수, 거래의 방향성, 연결된 의심 주소 등
- **행동 패턴**
  특정 조건 하 반복되는 행위, 피싱 공격의 템플릿 등

이러한 특징은 기존 규칙 기반 시스템이 포착하기 어려운 간접적, 은닉적 사기 패턴을 식별하는 데 핵심적인 역할을 합니다.

⑤ 사기 의심 여부 분류

마지막으로, 추출된 특징 벡터를 입력으로 하여 사기 여부를 판단하는 분류 모델을 학습합니다. 여기에는 신경망 기반의 이진 분류기 또는 앙상블 기법이 사용될 수 있습니다. 확률 출력 기반으로 위험도 점수 제공할 수 있어 '설명 가능한 AI' 기법과 연계하여, 왜 해당 주소가 의심 대상인지에 대한 설명이 가능합니다.

6

지식그래프의 가치 : 미래와 전망

6 지식그래프의 가치: 미래와 전망

지금까지 우리는 지식그래프가 무엇인지, 이를 활용하고 있는 주요 기업은 어디인지, 지식그래프를 구축하기 위해 어떻게 지식을 체계화해야 하는지, 그리고 실제로 지식그래프가 적용될 수 있는 시스템 아키텍처에 대해 살펴보았습니다. 이러한 기반 위에서 지식그래프가 왜 주목받고 있는지, 그리고 앞으로 어떤 가능성을 품고 있는지에 대해 종합적으로 고찰해보고자 합니다.

6.1. 지식그래프는 왜 주목받고 있는가?

지식그래프는 단순히 데이터를 연결하는 기술이 아닙니다. 지식그래프는 데이터를 구조화하고, 다양한 데이터 간의 의미적 관계를 밝혀내며, 나아가 인공지능 시스템이 '이해할 수 있는 지식'으로 전환시키는 핵심 기술입니다. 과거에는 데이터베이스가 정보를 저장하고 관리하는 수단에 불과했다면, 오늘날의 지식그래프는 데이터를 연결하고 해석하며, 활용 가능한 형태로 승화시키는 지능형 정보 인프라로 진화하고 있습니다.

여기서 주목할 만한 점은, 지식그래프가 더 이상 연구 수준에 머물러 있지 않다는 것입니다. 이미 전 세계 유수의 기업들이 다양한 서비스에 지식그래프를 실제로 적용하고 있으며, 이는 단지 데이터 기술의 한 갈래가 아니라 경쟁력의 핵심 요소로 자리잡고 있습니다.

구글은 2012년 검색 서비스에 지식그래프를 도입하며 선두 주자로 나섰고, 그 뒤를 이어 Microsoft, Facebook, IBM, eBay 등도 자사 제품과 플랫폼에 지식그래프를 본격적으로 도입하였습니다. 이들 기업은 수억~수십억 개의 엔티티와 수백억 건의 사실을 관리하는 대규모 지식그래프 시스템을 운영 중이며, 이를 기반으로 검색, 추천, 자동 응답, 보안 감지 등 수많은 지능형 서비스를 실현하고 있습니다.

[지식그래프 활용 기업[115]]

	기업명	지식그래프 유형	국가	산업	시가총액 변화 2009 ~ 2018 ($bn)	시가총액 2018 ($bn)
1	Apple	직접 개발형 KG 활용 기업	미국	기술	757	851
2	Amazon.com		미국	전자상거래	670	701
3	Alphabet		미국	기술	609	719
4	Microsoft Corp		미국	기술	540	703
5	Tencent Holdings		중국	기술	483	496
6	Facebook		미국	기술	383	464
7	Berkshire Hathaway		미국	금융	385	492
8	Alibaba	서비스 특화형 KG 플랫폼 운영 기업	중국	전자상거래	302	470
9	JPMorgan Chase	지식그래프 도입 확인 기업	미국	금융	275	375
10	Bank of America		미국	금융	263	307

위의 표에서 확인할 수 있듯이, 시가총액 상위 10대 기업 중 다수가 지식그래프를 적극적으로 도입하고 있으며, 데이터 중심 경영을 기반으로 눈에 띄는 성장을 이루어냈습니다. 이들 기업의 공통점은 데이터를 단순한 저장 자원이 아닌, 전략적 자산으로 보고, 이를 지식화하는 데 집중하고 있다는 것입니다.

115) Slideshare, Data-centric design and the knowledge graph, https://www.slideshare.net/slideshow/datacentric-design-and-the-knowledge-graph/160647895#11
Alan Morrison, Data-centric design and the knowledge graph, PwC, 2019.

6.2. 시장과 산업에서의 확산

지식그래프는 이제 특정 기술 기업만의 전략 자산이 아닙니다. 금융, 전자상거래, 제조, 제약, 의료, 국방등 다양한 산업 분야로 빠르게 확산되며, 실질적인 비즈니스 성과를 만들어내고 있습니다. PwC와 ACM 등의 산업 보고서에 따르면, 과거에는 기술 대기업 위주로 지식그래프가 도입되었지만, 이제는 중견 기업과 스타트업까지도 지식그래프 기반 솔루션을 적극적으로 개발하고 있습니다.

실제로 Stardog, Maana, Cambridge Semantics 등 수많은 기술 스타트업이 지식그래프 플랫폼과 서비스, 데이터 통합 솔루션을 출시하며, 기술 상용화에 앞장서고 있습니다. 일부 기업은 단일 산업군에 특화된 지식그래프를 구축하고, 이를 통해 도메인 특화형 인공지능이나 지능형 추천 시스템을 구현해내고 있습니다. 이러한 흐름은 단순한 기술 유행이 아니라, 방대한 데이터 속에서 관계를 이해하고, 의미를 추론하며, 인사이트를 제공하는 새로운 사고방식의 전환을 보여주는 것입니다.

시장조사기관 Global Market Insights에 따르면, 2022년 약 10억 달러였던 글로벌 지식그래프 시장은 2032년까지 30억 달러를 돌파할 것으로 예상되며, 연평균 성장률은 13.5% 이상에 이를 것으로 전망되고 있습니다. 더 나아가 MarketsandMarkets의 보고서는 이보다 빠른 성장세를 예측하며, 2028년까지 약 24억 달러 규모로 확대될 것으로 분석하고 있습니다. 이처럼 빠르게 성장하는 시장은 지식그래프가 단지 데이터를 시각화하는 도구가 아니라, 의사결정과 전략 수립의 중심에 자리잡고 있음을 입증하고 있습니다.

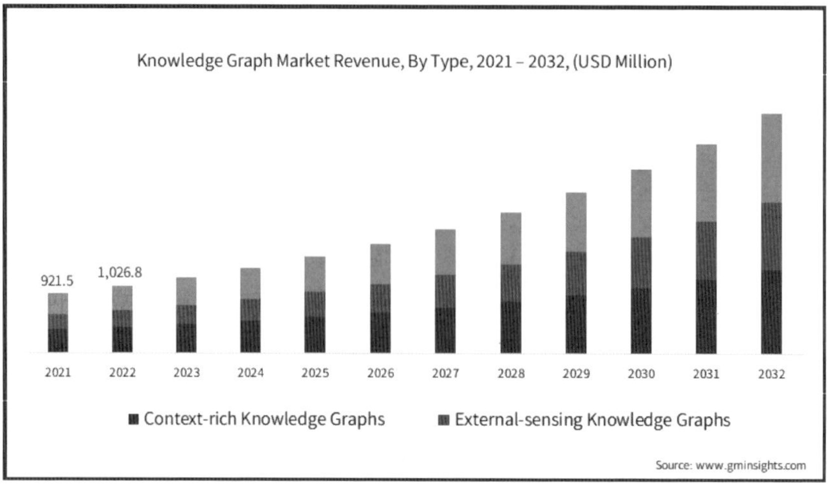

[지식그래프 전망[116)]]

위 차트에서 2021년부터 2032년까지 지식그래프 시장의 성장 추이를 보여주고 있습니다. 특히 2021년 9억 2,150만 달러였던 시장 규모는 2022년 10억 달러를 넘어선 뒤, 이후 꾸준히 상승해 2032년에는 30억 달러를 상회할 것으로 예측되고 있습니다. 이 그래프에서 확인할 수 있듯이, 문맥 기반 지식그래프와 외부 감지형 지식그래프모두 시장 내 비중이 커지고 있으며, 이 두 축이 함께 지식그래프의 기술 생태계를 이끌고 있습니다.

글로벌 리서치 기업 Gartner는 2024년 AI 하이프 사이클 보고서에서 지식그래프를 “계몽의 슬로프(Slope of Enlightenment)” 단계에 위치시켰습니다[117)]. 이는 지식그래프가 초기 과대광고 단계를 지나, 실질적인 성과와 비즈니스 가치를 입증하고 있다는 의미입니다. 더 나아가 Gartner는 “2025년까지 데이터 및 분석 혁신의 80%가 그래프 기술을 활용할 것”이라며, 향후 모든 데이터 중심 기업에서 지식그래프가 핵심적인 위치를 차지하게 될 것이라 예측하였

116) GMI, https://www.gminsights.com/ko/industry-analysis/knowledge-graph-market

117) Knowledge graphs on the rise: Gartner® 2024 Hype Cycle™ for AI shows their growing impact

습니다[118].

실제로 시장조사기관 MarketsandMarkets에 따르면, 글로벌 지식그래프 시장은 2023년 약 9억 달러 규모에서 2028년 24억 달러 이상으로 성장할 것으로 전망되며, 연평균 성장률은 21.8%에 달합니다. 이러한 급성장은 단순한 기술 확산을 넘어, 산업 전반에서의 '지식 중심 사고'로의 전환을 보여주는 흐름이기도 합니다[119]. 지식그래프는 이미 실무에서 놀라운 성과를 만들어내고 있습니다. 이처럼 지식그래프는 산업, 조직의 규모를 불문하고 실질적인 문제 해결의 도구로 기능하고 있으며, 데이터에 새로운 생명력을 부여하고 있습니다.

이러한 예측은 단순히 기술에 대한 기대가 아니라, 실제 산업 현장에서의 도입 성과에 기반하고 있습니다. 예를 들어, 제약 산업에서는 신약 후보 물질과 질병 간의 복잡한 관계를 지식그래프 기반으로 분석함으로써 개발 기간을 단축하고, 약물 재창출 가능성을 발굴하고 있습니다. 금융 산업에서는 계좌, 사용자, 거래 내역 간의 관계를 그래프로 연결하여 복잡한 사기 행위를 사전에 탐지할 수 있는 시스템이 구축되고 있으며, 제조 산업에서는 부품, 설비, 공정 정보를 하나의 그래프 구조로 통합해 예지 정비에 활용되고 있습니다.

뿐만 아니라, 의료, 통신, 공공 행정 등에서도 지식그래프는 데이터 사일로를 허물고, 의미 중심의 분석 체계로 전환하는 데 기여하고 있습니다. 이러한 다양한 적용 사례는 조직의 규모와 산업을 불문하고 지식그래프가 실제 문제 해결의 강력한 도구로 작동하고 있음을 보여주고 있습니다.

---

118) Top Knowledge Graph Use Cases Across Your Business

119) Knowledge Graph Market to Surge to $2.4 Billion by 2028: Industry Set for Rapid Growth with Increased Demand for Enhanced Decision-Making and Insightful Data Analysis - ResearchAndMarkets.com

6.3. LLM과 지식그래프의 상호보완성

앞서 살펴본 바와 같이, 지식그래프는 다양한 산업과 조직에서 빠르게 확산되고 있으며, 실질적인 성과를 만들어내고 있습니다. 그런데 최근 지식그래프의 가치가 더욱 주목받고 있는 이유 중 하나는 바로 대규모 언어모델과의 결합 가능성 때문입니다. 이 두 기술은 서로의 약점을 보완하며, 더욱 신뢰할 수 있는 지능형 시스템 구축을 가능하게 합니다.

LLM은 방대한 양의 텍스트 데이터를 학습하여, 자연어 이해와 생성에서 놀라운 성과를 보여주고 있습니다. 그러나 그 뛰어난 언어 능력에도 불구하고, LLM은 최신 정보 반영의 어려움, 사실 왜곡, 출처 불명확성등의 한계를 지니고 있습니다. 이러한 한계를 보완할 수 있는 핵심 기술로 떠오른 것이 바로 지식그래프입니다.

지식그래프는 정확하고 구조화된 지식을 보유하고 있으며, 개념 간의 명시적 관계를 바탕으로 논리적인 추론이 가능하다는 점에서 LLM의 부족한 부분을 채워주는 역할을 합니다. 최근에는 LLM에 외부 지식을 연결해 질의응답 성능을 향상시키는 RAG구조에 지식그래프를 결합한 Graph-RAG모델이 주목받고 있습니다.

Graph-RAG는 단순한 문서 검색 기반의 RAG와 달리, 지식그래프에 저장된 엔티티 간 관계와 의미망을 활용해 보다 깊이 있는 정보 추론을 가능하게 하며, 출처가 명확하고 신뢰할 수 있는 응답을 생성하는 데 도움을 줍니다. 예를 들어 기업이 보유한 최신 제품 정보, 정책 문서, 내부 지식 등을 지식그래프로 구축한 후 LLM과 연계하면, 사용자의 질문에 대해 정확하고 근거 기반의 응답을 실시간으로 제공할 수 있습니다.

이러한 접근은 이미 Microsoft, AWS, Neo4j 등에서 Graph-RAG 기술로 상용화가 추진되고 있으며, Gartner는 이를 두고 "생성형 AI의 진화를 위한 필수적 결합"이라고 평가한 바 있습니다. Gartner는 향후 2~5년 이내에 지식그래프 기반 AI 시스템이 산업 전반에 확산될 것이라고 전망하고 있으며, 이는 지식그래프가 신뢰할 수 있는 AI 구축의 핵심 인프라로 자리매김하고 있다는 사실을 보여줍니다[120].

흥미로운 점은, 이러한 관계가 단방향 보완에 그치지 않는다는 것입니다. LLM은 반대로 지식그래프의 구축과 확장에도 큰 역할을 할 수 있습니다. 대규모 문서에서 엔티티와 관계를 추출하거나, 초벌 온톨로지를 자동으로 생성하고, 기존 그래프에 새로운 개체와 속성을 반자동으로 확장하는 데 LLM의 자연어 처리 능력이 활용되고 있습니다. 예를 들어, 수천 건의 보고서나 논문을 LLM으로 분석하면, 그 안의 의미 있는 개념과 관계들을 식별하여 초기 지식그래프의 뼈대를 빠르게 구축할 수 있는 것입니다.

결과적으로, 지식그래프가 LLM을 강화하고, LLM이 다시 지식그래프의 구축과 운영을 지원하는 상호보완적 구조가 점점 더 긴밀하게 형성되고 있습니다. 이러한 상호작용은 AI 시스템의 신뢰성, 정확성, 적응성을 높이는 데 매우 중요한 역할을 하며, 미래의 지능형 서비스가 나아가야 할 방향을 보여주고 있습니다.

6.4. 지식그래프의 미래: 핵심 기술로의 도약

우리는 지금까지 지식그래프는 산업 전반에서 실질적인 문제 해결의 도구로 자리잡고 있으며, 생성형 AI와의 융합을 통해 신뢰 가능한 AI 구축의 핵심 인프라로 주목받고 있음을 배웠습니다. 이러한 기술적 확장성과 응용 가능성은 곧 지식그래프가 미래 정보 생태계에서 어떤 역할을 맡게 될 것인지에 대한 중요한 시사점을 제공합니다.

최근 Gartner는 2022년과 2024년 연속으로 "데이터 패브릭(Data Fabric)"

120) Knowledge graphs: the missing link in enterprise AI

을 핵심 기술 트렌드로 선정하면서, 이기종 데이터의 통합과 실시간 분석 대응 능력을 갖춘 시스템 아키텍처의 필요성을 강조한 바 있습니다[121]. 데이터 패브릭은 기업 내 다양한 데이터 소스를 자동으로 탐색하고 통합하여, 사용자에게 적시에 최적화된 형태로 데이터를 제공하는 데이터 공급 체계를 의미합니다.

이러한 데이터 패브릭 구조를 구현하는 데 있어 지식그래프는 핵심 기반 기술로 떠오르고 있습니다. 지식그래프는 정형·비정형 데이터를 아우르며, 데이터 간 의미적 관계를 구조화하고, 맥락 중심의 탐색과 추론을 가능하게 함으로써 데이터 패브릭이 요구하는 유연성과 지능성을 충족시킵니다.

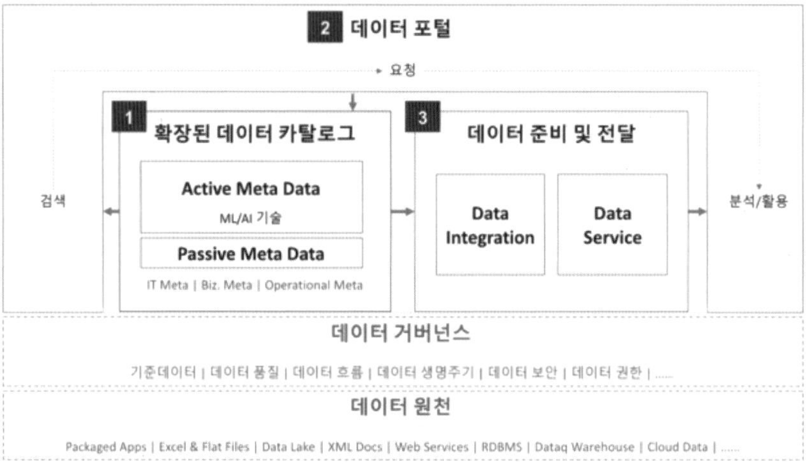

[데이터 패브릭[122]]

위 그림은 확장된 메타데이터 카탈로그, 데이터 포털, 데이터 통합 및 서비스가 유기적으로 연결된 데이터 패브릭 구조를 보여줍니다. 이 모든 구조의 중심에는 데이터 간 의미적 관계를 표현할 수 있는 지식그래프가 존재하며, 이는 곧 기업 내 데이터 거버넌스를 효과적으로 수행하고, 다양한 출처의 데이터를 하

121) 티스토리, Knowledge Graph와 Data Fabric, https://joyhong.tistory.com/168

122) 투이컨설팅, 데이터 패브릭(Data Fabric)에 대해 알아보자, https://www.2e.co.kr/news/articleView.html?idxno=302370

나의 통합된 체계로 연결하는 데 중추적인 역할을 수행합니다.

과거에는 지식그래프가 일부 대기업이나 기술 선도 기업만이 구축할 수 있는 고난이도 시스템으로 인식되었지만, 오늘날에는 상황이 크게 달라졌습니다. Neo4j, LangChain, TigerGraph등 다양한 오픈소스 생태계의 확산과 클라우드 기반의 그래프 서비스도입, LLM 기반 자동 구축 도구의 발전으로 인해 중소기업이나 일반 조직에서도 지식그래프를 보다 쉽게 활용할 수 있는 환경이 조성되고 있습니다. 앞으로 지식그래프는 다음과 같은 방향으로 도약하게 될 것입니다.

- **클라우드 기반 그래프 서비스의 확산**
  Neo4j Aura, Amazon Neptune과 같은 플랫폼은 지식그래프를 클라우드 환경에서 손쉽게 구축하고 운영할 수 있는 서비스를 제공하며, 기술 진입 장벽을 크게 낮추고 있습니다.
- **산업별 온톨로지의 표준화와 상호운용성 강화**
  의료, 제조, 통신 등 다양한 산업에서 도메인 특화형 온톨로지가 정립되면서, 조직 간 지식 공유 및 협업이 한층 수월해지고 있습니다.
- **자동 구축 기술의 고도화**
  LLM 기반의 정보 추출 및 온톨로지 자동 생성 기술이 발전하면서, 기존에 전문가가 수작업으로 구축하던 지식그래프가 반자동화 및 자동화되고 있습니다.

결국 지식그래프는 단순히 데이터를 연결하는 기술을 넘어서, 모든 데이터를 지식으로 연결한다는 비전을 실현하는 데 있어 가장 강력한 수단이 될 것입니다. 데이터가 넘쳐나는 이 시대에, 단순한 저장이나 분산만으로는 경쟁력을 확보하기 어렵습니다. 이제는 데이터를 이해하고, 해석하며, 전략적으로 활용하는 시대입니다.

지식그래프는 이러한 변화의 중심에서, 우리가 더 정확한 결정을 내리고, 더

유의미한 연결을 발견하며, 더 똑똑한 질문을 던질 수 있도록 안내하는 기술적 나침반이 되어줄 것입니다. 이는 단순한 기술의 진보를 넘어서, 정보 인프라의 패러다임 자체를 변화시키는 혁신이며, 지식그래프는 그 변화의 출발점이자 핵심이 될 것입니다.

주저자

이강배

고려대학교와 한국과학기술원(KAIST)산업공학과에서 수학하였으며, 공학박사 학위를 취득하고 LG CNS에서 정보전략계획 수립 및 신사업기획 컨설턴트로 근무하였고 현재 동아대학교 정교수로 재직 중이다. 인공지능, 프로젝트 관리, 정보시스템전략 관련 강의와 연구를 하고 있으며, 또한 ㈜지식광장네트워크의 창업자로 기업과 공공기관에 인공지능 전략 및 모델 관련 컨설팅 서비스를 제공하고 있다.

공동저자

이채원

동아대학교 경영정보학과에서 지식그래프 생성 및 하이브리드 RAG 기반 시스템 연구로 석사학위를 득하고 현재 ㈜지식광장네트워크에서 관련 업무를 수행 중이다.

김현종

동아대학교 경영정보학과에서 텍스트 분석과 스마트 거버넌스 관련 연구로 박사학위를 득하고 지식그래프 기반 공급사슬 위기관리 대응 전략 수립 과제를 수행 중이다.

박성호

동아대학교 경영정보학과에서 텍스트 분석과 감성 지수를 활용하여 주식시세 급등락 현상의 분석 관련 연구로 박사학위를 득하고 지식그래프 기반 국제관계분석 및 공급사슬 위기관리 대응 전략 수립 과제를 수행 중이다.

지식그래프: AI와 온톨로지로 여는 지식혁명

발행일 2025년 6월 20일

지은이 이강배·이채원·김현종·박성호

펴낸이 이구만

펴낸곳 유원북스

04091 서울특별시 마포구 토정로 222, 416호

(신수동, 한국출판콘텐츠센터)

Tel (02)593-1800 Fax (02)6455-1809

출판등록 2011.9.6. 제25100-2012-3호

www.uwonbooks.com uwbooks@daum.net

편 집 전충영

소 반 남농우

디자인 이채현

ISBN 979-11-6288-212-2 (93320)

정 가 **23,000**원